AF214509

Die Action Comic Kinderbibel

Catherine deVries / Sergio Cariello [Illustration]

Deutsch von Damaris Müller

3. Auflage 2025

Originally published in English under the title: The Action Storybook Bible
© 2017 by David C Cook
4050 Lee Vance View, Colorado Springs, Colorado 80918 U.S.A.

© der deutschen Ausgabe 2019
R.Brockhaus in der SCM Verlagsgruppe GmbH
Max-Eyth-Straße 41 · 71088 Holzgerlingen
brockhaus-verlag.de

Die Bibelzitate sind der Neues Leben. Die Bibel entnommen, © der deutschen Ausgabe 2002 und 2006 R.Brockhaus in der SCM Verlagsgruppe GmbH, Holzgerlingen.

Satz: Christoph Möller, Hattingen
Druck und Bindung: Finidr s.r.o.
Gedruckt in Tschechien
ISBN 978-3-417-28839-1
Bestell-Nr. 228.839

Für

____

Von

____

Datum

____

INHALT

NEUES TESTAMENT

Bestimmt hast du schon einige Comics gesehen, die Sergio Cariello gezeichnet hat: Batman, Spider-Man, Superman und viele weitere Comicfiguren sind von ihm! Er ist wirklich ein Meister-Illustrator. Bereits mit elf Jahren zeichnete er seinen ersten regulären Comic für eine Zeitung.

An den Bildern der Action-Comic-Kinderbibel hat Sergio Cariello zwei Jahre lang gearbeitet. Es ist sein Wunsch, dass seine Bilder Familien helfen, sich auf das Abenteuer Bibel einzulassen. Er schreibt: „Ich bete dafür, dass Gott durch dieses Buch etwas in deinem Leben bewirkt. In dieser dunklen Welt, die so dringend einen Retter braucht, sollst du ein Licht sein, das auf Jesus Christus hinweist!"

Catherine DeVries hat mehr als 25 Bücher für Kinder geschrieben. Bevor die Action-Comic-Kinderbibel fertig war, hat sie die Texte immer wieder ihrer Familie vorgelesen. Ihre Kinder haben ihr dann viele gute Tipps gegeben, um die Geschichten noch besser zu machen! Allen Lesern der Action-Comic-Kinderbibel sagt Catherine DeVries: „Lasst euch auf das Abenteuer ein, das euch bevorsteht! Gott hat einen fantastischen Plan für euer Leben. Und ich hoffe sehr, dass er dieses Buch benutzen wird, um euch auf dem Weg mit ihm ein Stück weiter zu bringen."

GOTT ERSCHAFFT DIE WELT

nach 1. Mose 1-3

Am Anfang gab es nichts und niemanden außer Gott. Doch er hatte schon einen Plan. „Es soll Licht geben!“, sagte er, und sofort wurde es hell. Gott trennte das Licht von der Dunkelheit.

Gott hatte schon den Himmel und die Erde erschaffen. Aber die Erde war noch mit Wasser bedeckt. Nun sorgte Gott dafür, dass sich eine Lufthülle um die Erde bildete: die Atmosphäre.

Als Nächstes musste sich das Wasser an manchen Stellen sammeln, damit es auch trockenen Boden gab. Dort ließ Gott Gras wachsen und auch noch viele andere Pflanzen. Das war sehr schön!

Gott schuf die Sonne, den Mond und die Sterne, damit man Tag und Nacht voneinander unterscheiden konnte. Nun gab es viele Lichter am Himmel! Das geschah am vierten Tag.

Gott füllte die Meere mit vielen verschiedenen Lebewesen und er ließ große und kleine Vögel am Himmel fliegen.

Dann schuf Gott Tiere, die auf dem Land lebten: Plötzlich wimmelte es von allen möglichen Tieren, die umherliefen, hüpften, krochen oder krabbelten!

Am sechsten Tag schuf Gott auch noch etwas anderes: die Menschen. Er machte sie so, dass sie ihm ähnlich waren. Die ersten Menschen hießen Adam und Eva; sie passten sehr gut zueinander. Gott segnete sie und gab ihnen den Auftrag, sich um die ganze Erde zu kümmern. Als Gott alles anschaute, was er geschaffen hatte, freute er sich: Es war sehr, sehr gut!

7. Tag
Nachdem Gott Himmel und Erde, Licht und Dunkelheit, alle Pflanzen, Tiere und auch die Menschen erschaffen hatte, ruhte er sich aus. „Dieser Tag soll etwas Besonderes sein – er soll heilig sein!“, sagte er.

Adam und Eva lebten an einem wunderschönen Ort, dem Garten Eden. Dort gab es mehr Tiere als in jedem Zoo, aber keine Gitter und Käfige. Denn alle Tiere vertrugen sich miteinander!

„Hallo!“, zischte es plötzlich aus dem Baum, unter dem Eva stand. Es war ein besonderer Baum, dessen Früchte man nicht essen durfte.
Überrascht blickte Eva zu der Schlange hinauf. „Was machst du da?“, fragte sie.
„Willst du nicht mal von diesen Früchten probieren?“, schlug die Schlange vor. „Sie schmecken unglaublich lecker. Und wer sie issssssst, wird so klug wie Gott!“
„Aber ...“ Eva zögerte. „Gott hat uns das ausdrücklich verboten!“

„Die Früchte sehen wirklich lecker aus“, dachte Eva. „Warum hat Gott uns nur verboten, davon zu essen? Gönnt er sie uns vielleicht nicht? Oder will er nicht, dass wir klug werden?“ Je länger Eva nachdachte, desto weniger wusste sie, was sie tun sollte.

Schließlich zögerte Eva nicht länger, sondern biss in eine Frucht. O wie lecker! Das musste sie Adam erzählen!

„O Adam, da bist du ja!", rief Eva. „Ich habe gerade mit der Schlange geredet. Weil ich von dieser Frucht hier gegessen habe, werde ich bald so klug sein wie Gott. Komm, probier doch auch davon!"

„Aber sie stammt von dem verbotenen Baum, stimmt's?" Adam zögerte. „Gott hat uns gesagt, dass wir diese Früchte nicht einmal anfassen sollen. Sie sehen aber wirklich gut aus …"

Adam konnte nicht länger widerstehen und aß ebenfalls von der Frucht. Da geschah etwas Seltsames: Adam und Eva merkten plötzlich, dass sie nackt waren! Schnell machten sie sich Kleider aus großen Blättern. Und sie wollten Gott lieber aus dem Weg gehen.

„Wo seid ihr denn?", rief Gott. „Warum versteckt ihr euch vor mir? Habt ihr etwa von den verbotenen Früchten gegessen?"

„Ja", gab Adam zu. „Aber Eva hat mich dazu überredet."

„Die Schlange ist schuld", verteidigte sich Eva.

„Dafür werde ich sie bestrafen", sagte Gott. „Und ihr beide müsst diesen schönen Garten verlassen. Euer Leben wird in Zukunft nicht leicht sein. Aber ich werde immer bei euch bleiben."

MIT GOTT WIRD DEIN LEBEN SPANNEND!

GOTT IST DER SCHÖPFER

WAS GOTT TUT

Gott hat alles geschaffen – von der winzigen Ameise bis zum riesigen Wal, von deinen Lieblingsblumen bis zu den Bäumen im Wald. Und er hat auch uns Menschen gemacht: Jeder von uns ist einzigartig, nicht einmal Zwillinge sind ganz gleich! Gott kennt jeden von uns genau und hat uns so lieb, wie wir sind. Er hat einen guten Plan für dein Leben! Hast du gewusst, dass du etwas ganz Besonderes bist?

WAS WIR SELBST TUN KÖNNEN

Hast du schon mal darüber nachgedacht, wie wunderbar Gott die Welt gemacht hat? Sieh dich genau um, wenn du draußen bist: Was gefällt dir in der Natur am besten? Welches Gemüse und welche Früchte, die Gott wachsen lässt, isst du am liebsten?

Danke, lieber Gott, dass du die Welt so schön gemacht hast! Danke, dass jeder von uns etwas ganz Besonderes ist. Bitte hilf uns, gut aufeinander zu achten und uns gegenseitig zu helfen. Zeig uns bitte, wie wir unsere Umwelt schützen können. Amen.

DIE GROSSE FLUT

nach 1. Mose 4–9

Als Adam und Eva den Garten Eden verlassen hatten, wurde ihr Leben viel härter. Sie mussten schwer arbeiten, um genug zu essen zu haben. Das Kinderkriegen war schmerzhaft. Und es gab noch keine Krankenhäuser oder Ärzte, die dabei helfen konnten.

Adam und Eva bekamen zwei Söhne. Als sie erwachsen waren, passierte etwas Schreckliches: Kain tötete seinen jüngeren Bruder Abel, weil er eifersüchtig auf ihn war. Dann lief er weg. Adam und Eva waren sehr traurig. Einige Zeit später wurde ihr dritter Sohn geboren. Er hieß Set.
Mit der Zeit gab es immer mehr Menschen auf der Erde. Aber kaum jemand wollte etwas von Gott wissen. Da tat es Gott leid, dass er die Welt erschaffen hatte.

Die Menschen taten viele böse Dinge. Sie waren gemein zueinander und wollten Gott nicht gehorchen.
Noah war der Einzige, der tat, was Gott gefiel. Darüber freute sich Gott sehr! Noah war verheiratet und er hatte drei Söhne. Sie hießen Sem, Ham und Jafet.

Eines Tages gab Gott Noah einen Auftrag, der sich völlig verrückt anhörte. Weißt du, was Noah tun sollte? Er sollte ein riesiges Schiff bauen. Es sollte so groß werden, dass nicht nur Noahs Familie hineinpassen würde, sondern auch …

... ganz viele Tiere! Von jeder Tierart sollten es ein Männchen und ein Weibchen sein. Und von den Tieren, die man essen konnte, sollte Noah jeweils sieben Paare mit an Bord nehmen.
Noah wunderte sich sehr, aber er gehorchte Gott.

Kannst du dir vorstellen, was die Nachbarn gedacht haben, als Noah anfing zu bauen? Sie haben ihn ausgelacht!

Der Bau der Arche war das größte Projekt, an dem Noah jemals gearbeitet hatte. Es dauerte viele Jahre, bis dieses Schiff fertig war. Aber Noah gab nicht auf. Und eines Tages sah er schließlich, wie eine lange Reihe von Tieren zu der Arche kam.

Noah verlor keine Zeit, sondern ging mit seiner Familie ebenfalls an Bord. Und dann schloss Gott die Tür hinter ihnen.

Es regnete und regnete – nicht nur tage-, sondern wochenlang. Vierzig Tage und Nächte am Stück!
PRASSEL!
Es regnete so sehr, dass die ganze Erde überflutet wurde. Das Wasser stieg immer höher, bis es sogar die Gipfel der Berge bedeckte. Niemand überlebte diese schreckliche Flut – außer den Menschen und Tieren in der Arche.

Noah, seine Frau, seine drei Söhne und deren Frauen waren in der Arche in Sicherheit. Doch an Bord dieses schwimmenden Zoos gab es viel zu tun!

Alle mussten mithelfen, die Tiere zu versorgen. Wie lange diese Flut wohl dauern würde? Wochen und Monate vergingen ... Insgesamt verbrachten sie fast ein ganzes Jahr in der Arche! Zum Glück sank das Wasser mit der Zeit wieder und die Arche lief auf einen Berg auf.

Noah öffnete das Fenster und ließ zuerst einen Raben und dann eine Taube fliegen. Die Taube kam wieder zurück, weil sie noch kein trockenes Land fand. Eine Woche später ließ Noah sie noch einmal fliegen und diesmal brachte sie ihm einen frischen Zweig mit!

Das Schiff war auf den Berg Ararat aufgelaufen, der sich in der Türkei befindet. Allmählich versickerte das Wasser, bis überall wieder fester Boden zu sehen war.

Da öffnete Gott die Tür, und alle Menschen und Tiere, die in der Arche waren, konnten an Land gehen.

Gott machte einen Regenbogen und versprach Noah, dass er nie wieder eine solche Flut schicken würde.

Immer, wenn ein Regenbogen zu sehen ist, denkt Gott an dieses Versprechen! Noah und seine Familie dankten Gott dafür, dass er sie alle gerettet und der Welt eine neue Chance gegeben hatte.

MIT GOTT WIRD DEIN LEBEN SPANNEND!

GOTT HASST DAS BÖSE

WAS GOTT TUT

Gott hat die große Flut geschickt, um das Böse in dieser Welt zu vernichten. Aber die Menschen haben irgendwann trotzdem nicht mehr an ihn gedacht und nur noch das gemacht, was sie selber wollten. Zum Glück erinnert uns der Regenbogen an Gottes Versprechen: Er wird die Erde nie wieder überfluten! Gott hasst das Böse, aber er hat jeden von uns unglaublich lieb. Deshalb hat er sich etwas ausgedacht, wie wir für immer in seiner Nähe sein können. Willst du wissen, was das ist?
Dann schau auf Seite 198 nach!

WAS WIR SELBST TUN KÖNNEN

Wann hast du zum letzten Mal einen Regenbogen gesehen? Wusstest du da schon, woran uns ein Regenbogen erinnern soll? Wie wäre es, wenn du einen Regenbogen malen und ihn über deinem Bett aufhängen würdest?

Danke, himmlischer Vater, dass du uns lieb hast! Bitte hilf uns, so zu leben, wie es dir gefällt. Hilf uns, die richtige Entscheidung zu treffen, wenn wir in Gefahr geraten, etwas Böses zu tun. Amen.

EIN VERSPRECHEN FÜR ABRAHAM

nach 1. Mose 15; 17–18; 21–22

Eines Nachts schaute ein Mann zu den Sternen am Himmel hinauf. Da hörte er plötzlich, wie jemand seinen Namen rief: „Abram!" Es war Gott, der ihm etwas Wichtiges sagen wollte.

Abram erschrak. Aber er glaubte an Gott, deshalb wollte er genau hinhören.

„Deine Familie wird immer größer werden“, sagte Gott. „Eines Tages werden so viele Menschen dazugehören, wie es Sterne am Himmel gibt. Das verspreche ich dir!“
„Aber wie kann das sein?“, fragte Abram. „Meine Frau und ich haben noch kein einziges Kind!“

Gott versprach Abram, dass er einen Sohn bekommen würde. Und er sagte, dass Abram von nun an „Abraham" heißen sollte, denn das bedeutet „Vater vieler Völker". Abraham und seine Frau Sara warteten lange darauf, dass Gott sein Versprechen erfüllen würde. Die Zeit verging und sie wurden immer älter.

Eines Tages tauchten drei fremde Männer bei ihnen auf. Abraham lud sie ein und beauftragte seine Frau und seine Diener, ein besonders gutes Essen zuzubereiten. Als er mit seinen Gästen redete, merkte er, dass das keine gewöhnlichen Männer waren.

„In einem Jahr wird deine Frau einen Sohn haben", sagte einer der Gäste. Als Sara das hörte, lachte sie ungläubig. „Ich bin doch schon viel zu alt, um noch ein Kind zu bekommen!", dachte sie.

„Für Gott ist nichts unmöglich!", erklärte der Fremde. „Wieso hat Sara gelacht und gedacht, dass das nicht sein kann?" Sara erschrak und behauptete, sie hätte gar nicht gelacht.

Obwohl Sara es nicht für möglich gehalten hatte, wurde sie tatsächlich schwanger. Sie bekam einen Sohn, den sie Isaak nannte. Das bedeutet „Er lacht". Isaaks Eltern waren überglücklich.

Isaak wurde älter und größer. Abraham war sicher, dass Gott es gut mit ihnen meinte.

„Geh mit Isaak auf einen Berg“, sagte Gott. „Dort sollst du ihn töten und als Opfer für mich verbrennen.“

Abraham traute kaum seinen Ohren. Warum befahl Gott ihm so etwas Schreckliches? Aber obwohl er es nicht verstand, belud er einen Esel mit Holz und Proviant. Dann machte er sich mit Isaak und zwei Dienern auf den Weg.

Sie stiegen immer höher.
Die Sonne brannte vom Himmel herab und der Weg war voller Steine. Der Esel trottete langsam vorwärts und niemand sprach ein Wort. Isaak merkte, dass sein Vater traurig war.

Als sie den Gipfel erreichten, baute Abraham einen Altar für das Brandopfer. Dafür schichtete er einige Steine übereinander und legte das Brennholz obendrauf.

„Welches Tier werden wir opfern?“, fragte Isaak.

„Gott wird für ein Opfer sorgen“, erwiderte Abraham. Obwohl er sich schrecklich fühlte, vertraute er Gott.

Abraham fesselte Isaak und griff nach seinem Messer. Er war bereit, Gott zu gehorchen, ganz gleich, wie schwer es war.

Doch im letzten Moment rief ein Engel: „Halt! Tu dem Jungen nichts! Jetzt weiß ich, dass du Ehrfurcht vor Gott hast. Du hättest sogar dein einziges Kind für ihn geopfert!“

Abraham und Isaak waren so erleichtert, wie man es mit Worten gar nicht ausdrücken kann. Da sahen sie einen Schafbock, der sich mit seinen Hörnern in einem Busch verfangen hatte. Das Opfertier!

Gott freute sich sehr, dass Abraham den Test bestanden hatte!
„Ich werde dich reich belohnen, weil du mir gehorcht hast“, sagte Gott zu Abraham. „Deine Familie wird sich zu einem großen Volk entwickeln. Und ich werde zu euch halten. Dieses Versprechen gilt für immer und ewig!“

Bald hatte sich Abrahams Familie tatsächlich zu einem großen Volk entwickelt. Gott hatte sein Versprechen gehalten!

Abraham hatte Gott vertraut. Aber würden auch seine Nachkommen immer das tun, was Gott wollte?

MIT GOTT WIRD DEIN LEBEN SPANNEND!

GOTT HÄLT SEINE VERSPRECHEN

WAS GOTT TUT

Abraham und Sara mussten lange warten, bis Gott sein Versprechen schließlich erfüllte. Das war nicht einfach. Aber sie merkten, dass Gott es wirklich gut mit ihnen meinte. Deshalb lohnte es sich, ihm zu vertrauen! Aus Abrahams Familie entwickelte sich ein großes Volk, mit dem Gott etwas Besonderes vorhatte. Er versprach ihnen: Er wollte ihr Gott sein und sie sollten für immer und ewig sein Volk sein. Dieses Versprechen gilt auch für uns heute: Gott lässt uns nie im Stich!

WAS WIR SELBST TUN KÖNNEN

Findest du es schwierig, wenn du lange auf etwas warten musst? Hat Gott schon einmal eines deiner Gebete erhört? Wie wäre es, wenn du heute jemandem von diesem Erlebnis erzählst?

Lieber himmlischer Vater, du weißt, was das Beste für uns ist. Danke, dass du alle deine Versprechen erfüllst, und zwar genau zum richtigen Zeitpunkt! Bitte hilf uns, Geduld zu haben und dir zu vertrauen. Amen.

GOTT VERGISST JOSEF NICHT

nach 1. Mose 37; 39–46

Weißt du noch, wer Abraham war? Gott gab ihm ein Versprechen: Zu seiner Familie sollten unzählige Menschen gehören. Gott wollte für sie sorgen und immer zu ihnen halten. Auch Jakob, Abrahams Enkel, gehörte zu dieser Familie. Er hatte zwölf Söhne.

Eines Tages ließ Jakob für einen seiner Söhne einen besonders schönen Mantel anfertigen. Rate mal, wer ihn bekommen hat!

Vielleicht der älteste Sohn: Ruben? Oder der jüngste: Benjamin? Nein, es war Josef!
Jakob schenkte diesen tollen Mantel seinem zweitjüngsten Sohn. Josef freute sich sehr darüber.

Deshalb waren seine Brüder eifersüchtig. Sie konnten Josef nicht ausstehen. Eines Tages erzählte Josef, er hätte geträumt, dass sie sich alle einmal vor ihm verbeugen würden. Das machte sie noch wütender. „Auf keinen Fall werden wir das tun!“, dachten sie.

Sie packten ihn, nahmen ihm seinen schönen Mantel weg und warfen ihn in eine tiefe Grube.

Kurz darauf sahen sie einige Händler, die unterwegs nach Ägypten waren. „Wir könnten Josef doch als Sklave verkaufen, anstatt ihn hier sterben zu lassen", dachten die Brüder.
Also winkten sie die Händler her und holten Josef aus der Grube heraus. Dann verkauften sie ihn für 20 Silberstücke an diese fremden Leute.

Josefs Brüder dachten, dass sie ihn nie im Leben wiedersehen würden.

Sie zerrissen Josefs Mantel und spritzten etwas Blut von einer geschlachteten Ziege darauf. Als Jakob den Mantel sah, glaubte er, sein Liebling wäre von einem wilden Tier gefressen worden.

Einige Zeit später kamen die Händler nach Ägypten und boten Josef dort zum Verkauf an.

Potifar war ein wichtiger Mann. Er arbeitete für den Pharao, den König von Ägypten. Potifar kaufte Josef.

Weil Gott ihm half, war Josef richtig gut in allem, was er machen musste. Potifar merkte, dass sein neuer Sklave sehr klug und fleißig war. Deshalb gab er ihm immer wichtigere Aufgaben. Und schließlich kontrollierte er Josef überhaupt nicht mehr, sondern ließ ihn über seinen ganzen Besitz bestimmen!

Potifars Frau fand, dass Josef sehr gut aussah. Sie wollte seine besondere Freundin sein.
Aber Josef wusste, dass Gott damit nicht einverstanden gewesen wäre. Deshalb weigerte er sich; er wollte nichts von ihr wissen. Darüber ärgerte sich Potifars Frau so sehr, dass sie Josef bei ihrem Mann anschwärzte. Sie behauptete, er hätte etwas Böses getan, obwohl das gar nicht stimmte.

Potifar glaubte seiner Frau und sorgte dafür, dass Josef ins Gefängnis kam. Aber nicht einmal dort ließ Gott Josef im Stich. Die Leute im Gefängnis merkten, dass Josef etwas Besonderes war. Sie hatten Vertrauen zu ihm und fragten ihn um Rat.

Josef musste sehr lange im Gefängnis bleiben.

Eines Tages traf er dort einen wichtigen Diener des Pharaos und tat ihm einen Gefallen.

Als dieser Mann wieder frei war, vergaß er Josef. Doch zwei Jahre später hatte der Pharao einen merkwürdigen Traum. Da erinnerte sich der Diener an Josef und erzählte dem Pharao von ihm.

Josef konnte dem Pharao sagen, was sein Traum bedeutete: Bald würde es eine Hungersnot geben. Aber wenn man rechtzeitig Vorräte anlegte, würden die Menschen nicht verhungern.

Der Pharao machte Josef zu seinem Stellvertreter. Jetzt war Josef der zweitwichtigste Mann in ganz Ägypten!

Als es überall kaum etwas zu essen gab, kamen Josefs Brüder nach Ägypten, um Getreide zu kaufen. Sie erkannten Josef nicht und verbeugten sich vor ihm – genau wie er es geträumt hatte!

Da sagte er ihnen, wer er war. Er war ihnen nicht böse, sondern forderte sie auf, nach Ägypten zu ziehen. Und als Jakob seinen Sohn endlich wiedersah, war er überglücklich!

MIT GOTT WIRD DEIN LEBEN SPANNEND

GOTT BLEIBT BEI UNS

WAS GOTT TUT

Josef war nie allein, auch als er von seinen Brüdern verkauft wurde und ins Gefängnis kam. Denn Gott war bei ihm! Gott half ihm immer wieder; er ließ ihn nicht im Stich! Gott kann die Umstände ändern, wenn wir in einer schwierigen Situation stecken. Aber manchmal ist es ihm noch wichtiger, unser Herz zu verändern. Zum Beispiel damit wir bereit sind, anderen Menschen ihre Fehler zu vergeben.

WAS WIR SELBST TUN KÖNNEN

Hat dich schon mal jemand ganz gemein behandelt? Warst du da sehr wütend auf diese Person? Denk daran, dass Gott immer bei dir ist. Er will dir helfen, dieser Person zu vergeben.

Danke, lieber Gott, dass du uns niemals vergisst! Danke, dass wir uns auf dich verlassen können. Du hilfst uns, wenn wir nicht mehr weiterwissen. Wir sind sehr froh darüber, dass du immer bei uns bist. Amen.

DER AUSZUG AUS ÄGYPTEN

nach 2. Mose 2–20

Alle Verwandten von Josef waren nach Ägypten gezogen. Und im Lauf der Zeit wurden sie zu einem großen Volk: den Israeliten. Der Pharao fand, dass es schon zu viele Israeliten gab. Deshalb befahl er, alle neugeborenen kleinen Jungen zu töten.

Moses Mutter wusste, dass ihr Sohn in Gefahr war. Aber sie hatte einen Plan.

Sie legte den kleinen Mose in ein abgedichtetes Körbchen und ließ es am Flussufer zwischen den Schilfgräsern schwimmen. Ihre Tochter Mirjam schaute zu.

„Was schwimmt denn dort?“, fragte die Prinzessin und ließ das Körbchen holen. Erstaunt betrachtete sie den kleinen Jungen, der darin lag. Wie niedlich er war!

Alle übrigen Israeliten mussten als Sklaven für die Ägypter arbeiten. Als Mose älter wurde, sah er, wie schlecht sie behandelt wurden. Vor lauter Zorn darüber tötete er einen Ägypter. Dann erschrak er. Wenn der Pharao davon erfahren würde, würde Mose bestraft werden!

Mose flüchtete in ein anderes Land. Dort heiratete er und wurde ein Hirte. Eines Tages sah er einen brennenden Busch, aus dem eine Stimme zu ihm sprach. Es war Gott. Er wollte, dass Mose die Israeliten aus Ägypten befreite. Mose hatte Angst davor, aber Gott machte ihm Mut.
„Hast du eigentlich einen Namen?“, fragte Mose.
„Ich bin, der ich bin!“, sagte Gott.

Ich bin, der ich bin!

Mose ging zusammen mit seinem Bruder Aaron zum Pharao. Sie forderten ihn auf, die Israeliten freizulassen.

Doch der Pharao weigerte sich. Da bestrafte Gott die Ägypter. Er schickte Unwetter, Krankheiten, Mücken ... Aber der Pharao gehorchte Gott erst, nachdem sein ältester Sohn gestorben war!

Kurz darauf änderte der Pharao jedoch wieder seine Meinung. „Schnell, ihnen nach!“, befahl er seinen Soldaten.

Die Israeliten waren bis zum Roten Meer gekommen, als die Ägypter sie schon fast eingeholt hatten.

Sie saßen in der Falle! Aber Gott rettete sie. Er befahl Mose, seinen Stab über dem Wasser auszustrecken. Da teilte sich das Meer, und die Israeliten konnten auf festem Boden zur anderen Seite hinübermarschieren!

Als der Pharao und seine Soldaten hinterherkamen, sorgte Gott dafür, dass das Wasser über ihnen zusammenschlug. Alle Ägypter ertranken. Die Israeliten waren gerettet!

Die Israeliten sangen vor Freude ein Lied für Gott und dankten ihm. Manche spielten dazu auf kleinen Trommeln.

Anschließend führte Gott sie durch die Wüste zu dem Land, in dem sie künftig wohnen durften. Unterwegs versorgte er sie mit Essen und Trinken. Sie sollten lernen, ihm zu vertrauen.

Es dauerte sehr lange, bis die Israeliten in ihrer neuen Heimat ankamen: 40 Jahre! Immer wieder musste Gott ihnen klarmachen, dass er es gut mit ihnen meinte.

Gott gab ihnen Regeln, an die sie sich halten sollten: die Zehn Gebote. Die Israeliten sollten so leben, dass Gott sich über sie freute.

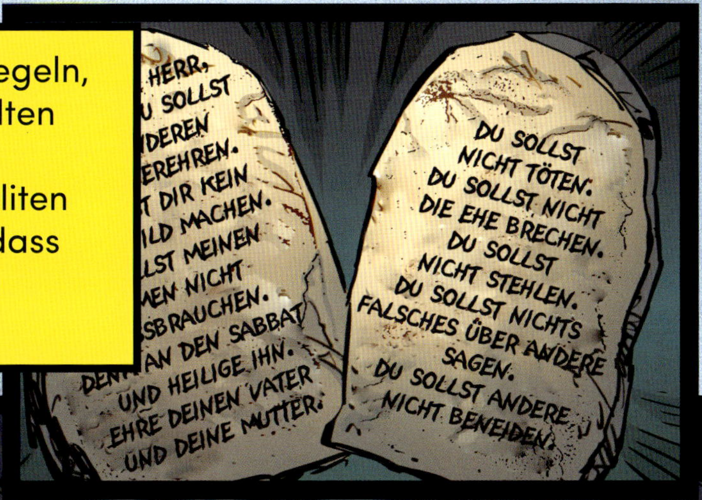

Mose war inzwischen alt geworden. Er war ein guter Anführer gewesen. Wer sollte nun sein Nachfolger sein?

MIT GOTT WIRD DEIN LEBEN SPANNEND

GOTT BEFREIT UNS

WAS GOTT TUT

Gott sieht, wenn es uns schlecht geht, und er will uns helfen. Er hat Mose als Baby gerettet und das ganze Volk Israel aus der Sklaverei befreit. Wenn die Israeliten in Schwierigkeiten waren, hat er ihnen immer wieder geholfen. Gott meint es gut mit uns. Und es ist für ihn kein Problem, ein Wunder zu tun!

WAS WIR SELBST TUN KÖNNEN

Möchtest du ein Tagebuch beginnen, in dem du aufschreibst, was Gott schon für dich getan hat? Oder ein Bild dazu malen?
Denk daran: Auch Essen und Trinken sind nicht selbstverständlich!

Danke, lieber Gott, dass du viel mächtiger bist, als wir es uns vorstellen können. Du kümmerst dich um uns und versorgst uns. Hilf uns, so zu leben, wie es dir gefällt. Wir wollen nicht vergessen, dass du uns aus Schwierigkeiten befreien kannst. Amen.

IN EIN NEUES LAND

nach Josua und Richter

Gott wählte Josua als neuen Anführer für die Israeliten aus. Er sollte sie in ihre neue Heimat bringen – das Land, das Gott ihnen versprochen hatte. 40 Jahre lang hatte Gott die Israeliten in der Wüste versorgt: Sie aßen Manna (das schmeckte so ähnlich wie Honigkuchen) und Wachteln (kleine Hühnervögel). Jetzt waren sie bereit, Gott zu vertrauen.

Über den Jordan – das war ein großer Fluss – gab es keine Brücke. Aber als die Priester ins Wasser traten, staute sich der Fluss: Es kam kein Wasser mehr nach. Auf der anderen Seite floss das Wasser ab. Nun konnten die Israeliten zu Fuß durch den Fluss gehen – genau wie durchs Rote Meer 40 Jahre vorher.
Zwölf Männer nahmen jeweils einen großen Stein aus dem Flussbett mit ans Ufer. Dort bauten sie mit diesen Steinen ein Denkmal. Es sollte die Israeliten auch in Zukunft daran erinnern, dass Gott seine Versprechen hält.

Gott gab Josua genaue Anweisungen: Sie sollten die Stadt nicht angreifen, sondern nur um sie herummarschieren. Sieben Tage lang. Insgesamt 13 Mal! Beim letzten Mal sollten die Priester so laut wie möglich in ihre Hörner blasen. Gott selbst machte Josua Mut.

Als die Israeliten Gottes Anweisungen befolgt hatten, stürzten die Mauern von Jericho ein. Doch eine Frau namens Rahab und ihre Familie wurden verschont. Rahab hatte nämlich einige Zeit vorher den Israeliten geholfen.

Danach eroberten die Israeliten noch viele andere Städte in dem Land, das Gott ihnen versprochen hatte. Weil Gott auf ihrer Seite war, konnten sie alle ihre Feinde besiegen. Einmal sorgte Gott sogar dafür, dass es abends länger hell blieb als sonst. Er tat ein Wunder, damit Josua und seine Männer mehr Zeit und Licht zum Kämpfen hatten.

Josua wurde sehr alt. Bevor er starb, sagte er jeder Familie, an welchem Ort sie künftig wohnen durfte. Und er drängte die Israeliten, Gott immer zu gehorchen. „Wem wollt ihr dienen?", fragte er. „Ich und meine Familie werden jedenfalls dem Herrn dienen."

Nachdem Josua gestorben war, wählte Gott Richter aus, die die Israeliten anführen und ihnen sagen sollten, was richtig war: Otniël, Ehud, Debora und noch einige andere.
Gott hielt immer zu seinem Volk. Solange die Israeliten Gott gehorchten, segnete er sie. Sie hatten genug zu essen und konnten ihre Feinde besiegen.

Die Richter warnten das Volk davor, sich so zu verhalten wie ihre Nachbarvölker. Diese Menschen taten nämlich viele böse Dinge, weil sie Gott nicht kannten.

Einmal riss er ein riesiges Stadttor aus der Mauer und trug es ganz allein weg. Nur mit einem Tierknochen bewaffnet, tötete er 1000 Feinde. Keiner konnte ihn besiegen, weil Gott ihm half.

Seine Feinde wollten gerne wissen, warum Simson so stark war. Eine Frau namens Delila sollte es für sie herausfinden.
Zuerst wollte Simson ihr sein Geheimnis nicht verraten. Aber weil sie ihn nicht in Ruhe ließ, sagte er ihr schließlich, dass er seine Haare nicht schneiden lassen durfte. Jetzt war er verloren! Als er schlief, schnitten seine Feinde ihm die Haare ab. Dann stachen sie ihm die Augen aus und machten ihn zu ihrem Sklaven.

Simson musste im Gefängnis schwer arbeiten. Aber sein Haar begann wieder zu wachsen. „O Gott, gib mir noch ein einziges Mal Kraft!", betete er.

Simson stand zwischen zwei Steinsäulen, die das Dach stützten. „O Herr, bitte lass mich mit meinen Feinden sterben!“, betete er. Dann stemmte er sich mit aller Kraft gegen die beiden Säulen. Da stürzte das ganze Gebäude ein und begrub Simson und seine Feinde unter sich.

Leider vergaßen die Israeliten immer wieder, dass es nur einen einzigen Gott gibt, der die ganze Welt geschaffen hat. Anstatt Gott zu gehorchen, taten sie genau dasselbe wie alle übrigen Völker: Sie machten sich Figuren aus Holz, Stein oder Metall – Götzenbilder – und beteten sie an. Aber Gott hatte das ausdrücklich verboten!

Die Israeliten dachten nicht daran, was Gott alles schon für sie getan hatte. Viele heirateten jemanden, der gar nicht an Gott glaubte.
Jeder tat, was er für richtig hielt. Einen König gab es nicht in Israel. Aber das sollte sich bald ändern …

MIT GOTT WIRD DEIN LEBEN SPANNEND!

GOTT WILL UNS FÜHREN

WAS GOTT TUT

Obwohl wir manchmal nicht an Gott denken, vergisst er uns niemals. Er möchte uns zeigen, wie wir leben sollen. Deshalb schenkt er uns Vorbilder: unsere Eltern oder andere Erwachsene. Aber auch wenn wir gute Vorbilder haben, müssen wir selbst entscheiden, ob wir ihnen folgen wollen.

WAS WIR SELBST TUN KÖNNEN

Hast du schon einmal erlebt, dass Gott dir durch einen Menschen gezeigt hat, was du tun sollst? Bei welcher Gelegenheit war das? Schreib es dir auf. Hat es sich gelohnt, diesen Rat zu befolgen? Zähle auf, was gut daran gewesen ist. Und falls du damals deinen eigenen Willen durchgesetzt hast, dann denk daran: Gott hat dich immer noch lieb. Er freut sich, wenn du dich neu dafür entscheidest, ihm zu gehorchen.

Lieber himmlischer Vater, bitte vergib uns, wenn wir dich vergessen, so wie es die Israeliten zur Zeit der Richter getan haben. Zeig uns bitte, welche Menschen für uns ein gutes Vorbild sein können. Hilf uns, ihnen zu folgen. Danke, dass du immer bei uns bist und uns nie verlässt. Amen.

DIE ZEIT DER KÖNIGE

nach 1. und 2. Samuel sowie 1. und 2. Könige

Die Israeliten waren unzufrieden. Es passte ihnen nicht, dass sie von Richtern regiert wurden. Alle anderen Völker um sie herum hatten einen König, also wollten sie auch einen haben! Das sagten sie dem Propheten Samuel. (Ein Prophet ist jemand, der Botschaften von Gott an Menschen weitergibt.) Samuel erklärte dem Volk, dass ein König hohe Steuern verlangen würde. Sie müssten alles tun, was der König von ihnen fordern würde.

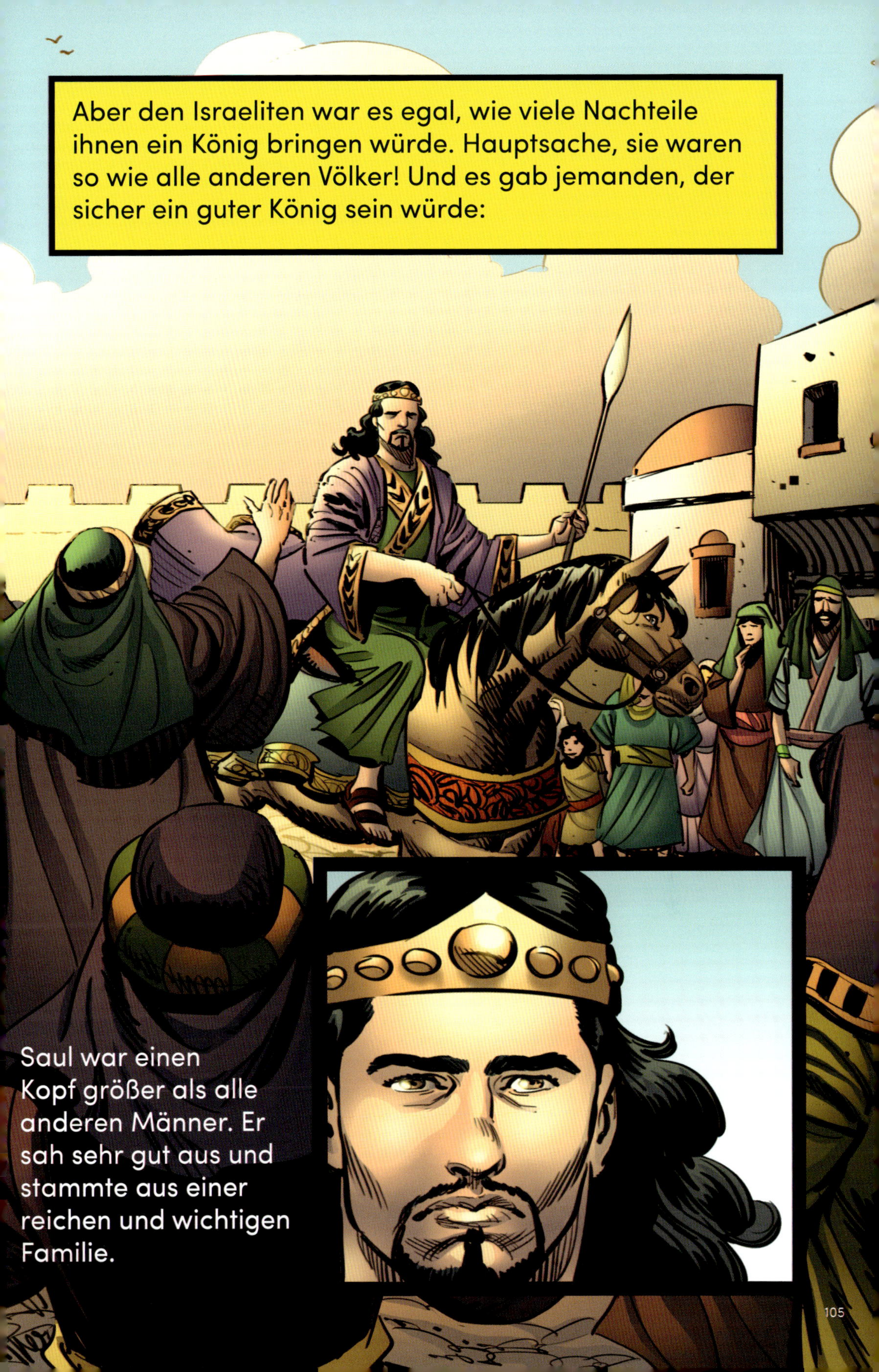
Aber den Israeliten war es egal, wie viele Nachteile ihnen ein König bringen würde. Hauptsache, sie waren so wie alle anderen Völker! Und es gab jemanden, der sicher ein guter König sein würde:
Saul war einen Kopf größer als alle anderen Männer. Er sah sehr gut aus und stammte aus einer reichen und wichtigen Familie.

Samuel sagte dem Volk, dass Gott Saul zum König bestimmt hatte.
Da jubelten die Leute. „Es lebe der König!“, riefen sie begeistert. Endlich hatten sie einen König, den sie bewundern konnten!

Samuel nahm ein Gefäß, in dem sich Öl befand. Dann goss er etwas davon auf Sauls Kopf. Diese Salbung mit Öl war damals üblich: Sie bedeutete, dass Gott jemanden für eine besondere Aufgabe ausgewählt hatte.

Doch der erste König von Israel war nicht so perfekt, wie es schien. Er wurde schnell eifersüchtig. Was andere Leute über ihn dachten, war ihm wichtiger, als Gott zu gehorchen.

Währenddessen passte ein junger Mann namens David auf die Schafe seines Vaters auf. Er spielte auf seiner Harfe und sang Loblieder für Gott.

„Geh nach Bethlehem zu einem Mann namens Isai“, sagte Gott zu dem Propheten Samuel. „Ich werde dir zeigen, wer von seinen Söhnen der nächste König sein soll.“

Isai stellte Samuel sieben seiner Söhne vor. Aber Gott hatte keinen von ihnen zum König bestimmt.
„Sind das alle deine Söhne?“, fragte Samuel.
„Der jüngste fehlt noch“, antwortete Isai. „Er passt auf die Schafe auf. Aber denkst du, Gott meint ausgerechnet …

… David?“
„Ja, das ist der Richtige“, sagte Gott klar und deutlich zu Samuel.
HUiii
Gott sieht ins Herz eines Menschen. Er wusste, dass David ein guter König sein würde. Und bald merkten auch die Israeliten, dass David ein besonderer Mann war: Gott war ihm wichtiger als alles andere.

Nur mit seiner Steinschleuder bewaffnet, besiegte David den riesigen Soldaten Goliat.
„Du trittst mir mit Schwert, Speer und Wurfspieß entgegen, ich aber komme im Namen des Herrn, des Allmächtigen", rief er ihm zu. „Gott braucht keine Waffen, um sein Volk zu retten!"
HAAAHA HA HAHAHA!
Schon der erste Stein, den David schleuderte, traf Goliat an der Stirn. Da fiel der Riese zu Boden. Er war besiegt. Die Israeliten jubelten!

David wurde ein außergewöhnlicher König. Er war ein großartiger Heerführer – mit seiner Hilfe konnten die Israeliten viele ihrer Feinde besiegen. David eroberte neue Gebiete und vergrößerte so sein Reich. Gott segnete ihn, weil David nicht auf seine eigene Kraft, sondern auf Gott vertraute. Darüber freute Gott sich sehr.

Aber nicht einmal David war perfekt: Er tat etwas sehr Schlimmes und versuchte anschließend, es zu verheimlichen. Doch dann bat er Gott um Vergebung.

Gott vergab David. Und er segnete Davids Sohn Salomo, seinen Nachfolger. Als Salomo König wurde, sagte Gott zu ihm: „Ich werde dir einen Wunsch erfüllen. Was willst du haben?“ Salomo bat um Weisheit, damit er das Volk gut regieren konnte. Da machte Gott ihn zum weisesten Menschen aller Zeiten!

Salomo wurde so berühmt, dass die Leute von überallher kamen, um ihn zu sehen. Er ließ einen prächtigen Tempel bauen, weil Gott es ihm aufgetragen hatte. Dieser Tempel war innen ganz mit Gold verkleidet; überall glänzte und glitzerte es!

Auf David und Salomo folgten im Lauf der Zeit noch viele andere Könige. Manche von ihnen gehorchten Gott, doch die meisten taten nur, was sie selber wollten. Sie waren kein gutes Vorbild für das Volk Israel. Deshalb achtete kaum jemand auf Gottes Gebote.

Manchmal baten die Israeliten Gott um Vergebung und gehorchten ihm eine Zeit lang.

Doch dann vergaßen sie Gott wieder. Sie taten viele böse Dinge und beteten sogar Götzenbilder an. Gott forderte die Israeliten immer wieder auf, ihr Leben zu ändern. Aber sie wollten nicht auf ihn hören. Da wurde Gott traurig, weil er wusste, dass ihnen etwas Schlimmes bevorstand: Bald würden sie von ihren Feinden besiegt werden. Sie würden wieder Sklaven werden und weit weg von zu Hause leben müssen.

MIT GOTT WIRD DEIN LEBEN SPANNEND!

GOTT IST UNSER KÖNIG

WAS GOTT TUT

Die Israeliten wollten einen König haben, damit sie ganz genauso waren wie alle übrigen Völker. Aber das Problem war, dass menschliche Könige immer irgendwelche Schwächen haben. Nur Gott ist vollkommen, deshalb soll nur er über unser Leben regieren. Ihm können wir hundertprozentig vertrauen.

WAS WIR SELBST TUN KÖNNEN

Wie stellst du dir den perfekten König vor? Welche Eigenschaften kommen dir dabei in den Sinn? Mach doch mal eine Liste. Denkst du, dass diese Eigenschaften auch auf Gott zutreffen? Was kann Gott viel besser als jeder menschliche Herrscher?

Danke, Gott, dass du unser König bist! Danke, dass du es wirklich gut mit uns meinst. Du weißt, was am besten für uns ist. Hilf uns, dir zu vertrauen und zu gehorchen. Du sollst das Wichtigste in unserem Leben sein! Amen.

ABENTEUER IN DER FERNE

nach Ester und Daniel

Das Volk Israel hatte sich von Gott abgewandt. Sie hatten vergessen, was er alles für sie getan hatte, und achteten nicht auf seine Gebote. Immer wieder hatte Gott sie daran erinnert, dass sie ihm treu bleiben sollten. Dann würde er für sie sorgen.

Aber obwohl Gott den Israeliten immer wieder eine neue Chance gegeben hatte, wollten sie nichts von ihm wissen. Da ließ Gott zu, dass ihr Land von Feinden erobert wurde: zuerst von den Assyrern und später von den Babyloniern. Viele Israeliten wurden gefangen genommen und mussten nach Persien ziehen.
HILFE!
Die Israeliten waren sehr traurig: Sie hatten ihre Heimat verloren. Und sie wussten nicht, ob sie jemals zurückkehren dürften.

In dieser Zeit, die für das Volk Israel sehr schwer war, lebte eine junge Frau namens Ester.
Ester war sehr schön. Sie gewann sogar einen Schönheitswettbewerb und wurde zur Königin von Persien gekrönt!

Ihr Cousin Mordechai erzählte Ester von diesem schrecklichen Plan. Mordechai bat sie, den Israeliten zu helfen. „Vielleicht hat Gott dich ja genau deswegen zur Königin gemacht, damit du sein Volk retten kannst!“, sagte er.

Ester hatte Angst. Aber sie war bereit, ihr eigenes Leben zu riskieren. Sie vertraute darauf, dass Gott ihr helfen würde.

Nachdem Ester drei Tage lang gebetet und nichts gegessen hatte, ging sie zum König. Sie sagte ihm nicht sofort, was sie auf dem Herzen hatte, sondern lud ihn erst einmal zum Essen ein. Als er dann in guter Stimmung war, bat sie ihn um Hilfe. Sie erzählte ihm von Hamans Plan.
HURRA!
Der König wurde so zornig auf Haman, dass er ihn töten ließ. Die Israeliten waren gerettet!

HURRA!
HURRA!
HURRA!
Die Israeliten jubelten. Sie waren so dankbar, dass Gott sie nicht im Stich gelassen hatte!

Zu den Israeliten, die in Babylon (später hieß das Land Persien) lebten, gehörten auch Daniel und seine drei Freunde. Man hatte sie gezwungen, ihre Heimat zu verlassen. Und nun waren sie von Menschen umgeben, die Gott nicht kannten. Sie sollten sogar eine riesige Statue anbeten! Das wollten sie nicht.

Daniels Freunde (er selbst war an jenem Tag nicht dabei) wurden zur Strafe dafür in einen riesigen Feuerofen geworfen. Normalerweise wären sie darin gestorben. Aber Gott tat ein Wunder und rettete sie: Sie kamen ohne Verbrennungen wieder heraus!

Auch als Daniel schon älter war, betete er jeden Tag zu Gott. Er schämte sich nicht für seinen Glauben. Weil König Darius merkte, dass er sich auf ihn verlassen konnte, machte er Daniel zu einem wichtigen Mitarbeiter.
Daniel war klüger als alle seine Kollegen, deshalb waren sie neidisch auf ihn. Sie wollten ihn beim König schlechtmachen.

Aber sie fanden an Daniel einfach keine Fehler! Sie mussten sich etwas anderes ausdenken, um ihm zu schaden.
„Bestimme doch, dass man einen Monat lang nur dich, den König, um etwas bitten darf – niemanden sonst“, schlugen sie König Darius vor. „Das wäre doch eine große Ehre für dich!“ Der König fühlte sich geschmeichelt und war einverstanden.

Daniel erfuhr von dem neuen Gesetz, aber er hörte trotzdem nicht auf zu beten. Darauf hatten seine bösen Kollegen nur gewartet! Sie schleppten ihn vor den König und riefen: „Daniel hat deinen Befehl nicht befolgt! Jetzt musst du ihn zur Strafe in die Löwengrube werfen, wie es in dem neuen Gesetz steht."

König Darius erschrak, aber er hatte keine andere Wahl: Er musste sich an das Gesetz halten.

„Hoffentlich kann dich der Gott, an den du glaubst, retten!“, sagte er, bevor Daniel in die Löwengrube geworfen wurde.

Der König machte sich solche Sorgen um Daniel, dass er die ganze Nacht nicht schlafen konnte. Er wollte auch nichts essen. Als es endlich wieder hell wurde, rannte er zur Löwengrube.

„Daniel, lebst du noch?", rief er ängstlich. „Hat dein Gott dich vor den Löwen bewahrt?"

König Darius war überglücklich. Er ließ Daniel sofort herausholen und stattdessen die bösen Männer in die Löwengrube werfen. Dann erließ er ein neues Gesetz. Darin stand, dass alle Menschen große Ehrfurcht vor dem einzig wahren Gott haben sollten. Denn niemand sonst kann vor Gefahren retten!

MIT GOTT WIRD DEIN LEBEN SPANNEND!

GOTT WEISS ALLES

WAS GOTT TUT

Gott wusste schon im Voraus, was den Israeliten bevorstand. Er hatte sie immer wieder gewarnt, aber sie hatten nicht auf ihn hören wollen. Deshalb musste er ihnen nun zeigen, was für Auswirkungen ihr Verhalten hatte. Durch Personen wie Ester und Daniel bewies er ihnen jedoch, dass sie immer noch sein Volk waren. Er tat viele Wunder für die Menschen, die zu ihm hielten. Gott hat uns immer ganz genau im Blick. Ihm entgeht nicht das Geringste! Wenn du in einer schwierigen Situation bist, solltest du nicht vergessen, dass Gott alles weiß. Er kommt auf erstaunliche Ideen, um uns zu helfen!

WAS WIR SELBST TUN KÖNNEN

Ester, Daniel und seine drei Freunde haben mit Gottes Hilfe große Abenteuer erlebt. Welche Geschichte hat dir am besten gefallen? Möchtest du vielleicht ein Bild dazu malen? Stell dir vor, wie du dich in dieser Situation gefühlt hättest!

Danke, lieber himmlischer Vater, dass du weißt, was wir gerade durchmachen. Bitte hilf uns, dir zu vertrauen. Danke, dass du uns immer helfen kannst. Amen.

GOTT SCHICKT PROPHETEN

nach Jona, Jeremia, Hesekiel,
Nehemia und Jesaja

Auch in der Zeit, als es den Israeliten sehr schlecht ging, vergaß Gott sie nicht. Er hatte versprochen, für sie zu sorgen. Deshalb gab es Hoffnung! Die Menschen mussten nur einsehen, was sie falsch gemacht hatten, und Gott um Vergebung bitten. Und natürlich mussten sie bereit sein, ihm ab sofort zu gehorchen!

Gott schickte Propheten, um die Israeliten an seine Versprechen zu erinnern. Einer davon war Jona.
„Jona“, sagte Gott, „geh nach Ninive. Die Menschen dort sind so böse, dass ich die Stadt zerstören muss. Sag ihnen das!“

Anstatt sich auf den Weg nach Ninive zu machen, ging er in eine andere Richtung. Er fand, dass diese bösen Menschen selber schuld waren, wenn sie bestraft wurden. Er wollte jedenfalls nichts mit ihnen zu tun haben! Deshalb ging Jona zum Hafen hinunter, wo gleich ein Schiff ablegen würde.

„Ja", antwortete der Mann. „Wir fahren nach Tarsis. Willst du auch dorthin?"

„Na klar." Jona lächelte zufrieden. Und beim Einsteigen murmelte er vor sich hin: „Perfekt. Das ist genau die entgegengesetzte Richtung!"

Er ahnte ja nicht, was ihm bevorstand …

Kaum hatte das Schiff den Hafen verlassen, kam ein schwerer Sturm auf. Die Wellen wurden immer höher; das Schiff wurde wie ein Spielzeugboot hin und her geworfen.
„Das ist meine Schuld!“, rief Jona den Seeleuten zu. „Ich habe Gott nicht gehorcht. Werft mich über Bord, dann wird euer Schiff nicht untergehen.“

KLONK! PLATSCH!
Zuerst weigerten sich die Seeleute. Aber sie merkten, dass das Schiff schon fast auseinanderbrach.

Und tatsächlich – kaum hatten sie Jona über Bord geworfen, ließ der Sturm nach. Das Meer beruhigte sich. Doch unter der Wasseroberfläche bewegte sich etwas: Ein großer Fisch schwamm direkt auf Jona zu. Und bevor Jona begriff, was mit ihm passierte, hatte der Fisch ihn schon lebendig verschluckt! Drei Tage lang war Jona im Bauch dieses Fisches. Er betete: „Herr, bitte rette mich, dann werde ich dir gehorchen!"

Da sorgte Gott dafür, dass der Fisch Jona wieder ausspuckte – und zwar nicht im Meer, sondern am Ufer!

Alle Einwohner von Ninive – große und kleine, ja, sogar der König! – wollten ihr Leben ändern. Es tat ihnen leid, dass sie Gott nicht gehorcht hatten, und sie baten ihn um Vergebung. Da bekam Gott Mitleid mit ihnen. Er vergab ihnen.

Obwohl Jona selbst eine neue Chance bekommen hatte, passte es ihm gar nicht, dass Gott so gnädig war. „Diese Leute verdienen es überhaupt nicht, dass Gott sich um sie kümmert!“, dachte er.

Jona musste noch viel lernen. Er hatte noch nicht begriffen, wie sehr Gott die Menschen liebt. Und dass man Gott gehorchen soll, auch wenn man ihn nicht versteht.

Außer Jona gebrauchte Gott auch noch andere Propheten, um den Menschen zu sagen, was ihm wichtig war.

Einer dieser Propheten war Jeremia. Als Gott zu ihm redete, protestierte Jeremia zuerst. Er meinte, er wäre noch zu viel jung, um so eine wichtige Aufgabe zu übernehmen.

„Sag doch nicht, dass du zu jung bist“, antwortete Gott. „Vor den Menschen brauchst du keine Angst zu haben, denn ich werde immer bei dir sein und dich retten. Das verspreche ich.“

Jeremia hatte es nicht leicht. Er musste sich verstecken, weil die Leute ihn umbringen wollten. Und eine Zeit lang war er sogar im Gefängnis. Aber Gott rettete ihn, wie er es versprochen hatte.

Der Prophet Hesekiel hatte einen merkwürdigen Traum: Gott zeigte ihm ganz viele menschliche Knochen. Dann sah Hesekiel, wie aus diesen Knochen plötzlich lebendige Menschen wurden. Das sollte bedeuten, dass Gott etwas Gutes mit den Israeliten vorhatte.

Auch von Nehemia sollte man gehört haben. Obwohl er am persischen Königshof eine wichtige Arbeit hatte, reiste er nach Jerusalem. Er hatte nämlich erfahren, dass die Stadtmauer in Trümmern lag. Er half den Israeliten, die Stadtmauer wieder aufzubauen – und ihre Freundschaft mit Gott zu erneuern.

Leider taten die Israeliten nur sehr selten, was die Propheten ihnen sagten. Aber Gott hatte schon einen Plan!

Eines Tages würde er jemanden zu ihnen schicken, der viel mächtiger war als jeder Prophet. Jesaja kündigte an, dass eine junge Frau ein Kind bekommen würde, und dieses Kind würde „starker Gott“ heißen. Weißt du, wer das war? Lies weiter!

MIT GOTT WIRD DEIN LEBEN SPANNEND!

GOTT GIBT UNS EINE NEUE CHANCE

WAS GOTT TUT

Gott weiß, dass wir immer wieder Fehler machen. Aber er ist gnädig und vergibt uns gerne. Auch wenn wir es nicht verdient haben, gibt er uns eine neue Chance. Weil Gott alle Menschen retten möchte, hat er seinen einzigen Sohn, Jesus Christus, in diese Welt geschickt. Und Jesus wurde an unserer Stelle bestraft. Wer ihm vertraut, braucht keine Angst mehr davor zu haben, dass Gott ihn bestrafen könnte!

WAS WIR SELBST TUN KÖNNEN

Hast du schon einmal jemandem eine neue Chance gegeben? Wie war das? Und bist du schon einmal froh gewesen, dass jemand dir nicht böse war, obwohl du etwas falsch gemacht hattest?

Danke, lieber himmlischer Vater, dass du uns immer wieder eine neue Chance gibst! Du weißt, wie oft wir es nicht schaffen, alles richtig zu machen. Bitte vergib uns unsere Fehler. Und bitte hilf uns, damit wir anderen Menschen ebenfalls vergeben können, was sie falsch gemacht haben. Steck uns mit deiner Großzügigkeit und Liebe an. Amen.

JESUS KOMMT AUF DIE WELT

nach Matthäus 1–4, Markus 1 und Lukas 1–4

Viele Jahre später schickte Gott einen Engel zu einer jungen Frau namens Maria. „Du wirst ein Kind bekommen“, sagte der Engel. „Der kleine Junge soll Jesus heißen. Er wird Gottes Sohn sein.“

Maria konnte es zuerst kaum glauben, aber sie wurde wirklich schwanger. Einige Monate später musste sie zusammen mit Josef nach Bethlehem reisen. Der Kaiser hatte eine Volkszählung angeordnet, deshalb sollte jeder in die Heimatstadt seiner Familie gehen.

Weil in Bethlehem alle Gasthäuser überfüllt waren,
mussten Maria und Josef in einem Stall übernachten.
Und dort kam Jesus auf die Welt!
Josef half Maria, so gut er konnte. Und Maria schloss ihren kleinen Sohn in die Arme.
Ich hab dich lieb!

„Habt keine Angst!“, sagte der Engel. „Ich muss euch etwas Wunderbares erzählen: Heute Nacht wurde in Bethlehem der Retter der Welt geboren. Es ist Christus, der Herr!“

Auf einmal erschienen noch mehr Engel, die alle Gott lobten. Die Hirten staunten und machten sich sofort auf den Weg, um Jesus zu sehen.

Einige Zeit später kamen kluge Männer zu Besuch. Sie waren einem Stern gefolgt und hatten eine weite Reise hinter sich! Dieser Stern hatte sie bis nach Bethlehem geführt. Die Männer brachten Jesus kostbare Geschenke mit.

In Jerusalem wurde jedes Jahr ein großes Fest gefeiert: das Passahfest. Es sollte die Juden (so wurden die Israeliten später genannt) daran erinnern, dass Gott ihre Vorfahren aus der Sklaverei in Ägypten befreit hatte. Als Jesus zwölf Jahre alt war, durfte er seine Eltern nach Jerusalem begleiten. Das war sehr aufregend!
Besonders gut gefiel es Jesus im Tempel. Dort gab es Menschen, die sich gut in der jüdischen Bibel auskannten.

Diese klugen Leute staunten darüber, wie viel Jesus schon über Gott wusste!

Nach einiger Zeit merkten Maria und Josef, dass sie gar nicht wussten, wo Jesus war. Sie suchten überall nach ihm und fanden ihn erst drei Tage später im Tempel! „Wie konntest du uns das nur antun?“, fragte Maria. „Wir haben uns solche Sorgen gemacht!“

„Ich wollte im Haus meines Vaters sein“, erklärte Jesus.

Dann ging Jesus mit seinen Eltern wieder nach Hause. Maria dachte daran, was ihr der Engel damals über Jesus gesagt hatte: Er war der Sohn Gottes!

Josef war ein Zimmermann. Er zeigte Jesus, wie man Holz bearbeitet. Jesus lernte nicht nur, ein Haus zu bauen, sondern auch verschiedene Möbelstücke anzufertigen. Es dauerte Jahre, bis man das richtig konnte!

Bei allem, was er tat, gab Jesus sich große Mühe.
Tschüs!
Einige Jahre später ging Jesus von zu Hause fort. Er wusste, dass Gott etwas Besonderes mit ihm vorhatte.

Als Erstes ging Jesus zum Jordan. Dort am Fluss erzählte sein Cousin Johannes den Menschen von Gott. Als Zeichen dafür, dass sie Gott gehorchen wollten, ließen sich viele von Johannes taufen.
PLATSCH

Johannes sollte die Menschen darauf vorbereiten, dass Gott Jesus – den Retter der Welt – zu ihnen schicken würde.

Weil Jesus darum bat, taufte Johannes ihn ebenfalls. Da sagte Gott zu Jesus: „Du bist mein geliebter Sohn, an dir habe ich große Freude."

Danach ging Jesus in die Wüste und blieb 40 Tage dort. In dieser Zeit aß er überhaupt nichts! Da kam der Teufel und stellte ihn auf die Probe. Er wollte Jesus dazu überreden, Dinge zu tun, die Gott nicht gefallen hätten. Aber Jesus lehnte das ab. Der Teufel meinte, er sei sehr mächtig. Er zeigte Jesus seinen Reichtum. „Das alles schenke ich dir, wenn du mich anbetest!“, sagte er. Aber Jesus wusste, dass man nur Gott anbeten soll. Gott ist stärker und größer als alles, deshalb hat der Teufel gegen ihn keine Chance!

Jesus wusste, dass Bibelverse eine gute Waffe sind.

„Fordere den Herrn, deinen Gott, nicht heraus!“

Jedes Mal, wenn der Teufel Jesus angriff, erklärte Jesus ihm, was Gott zu diesem Thema sagt! Da ging der Teufel schließlich weg. Und zu Jesus kamen einige Engel, die sich um ihn kümmerten.

MIT GOTT WIRD DEIN LEBEN SPANNEND!

JESUS IST GOTTES SOHN

WAS GOTT TUT

Gott hat seinen Sohn auf diese Erde geschickt, und zwar als Mensch – genau wie wir! Jesus kam als kleines Baby auf die Welt und wuchs bei seinen Eltern auf. Deshalb weiß er genau, wie wir uns fühlen: Er hat alles selbst erlebt. Aber er ist mächtiger als wir, weil er Gottes Sohn ist.

WAS WIR SELBST TUN KÖNNEN

An Weihnachten feiern wir, dass Jesus geboren wurde. Vor lauter Geschenken, Kerzen und Süßigkeiten vergessen wir leider manchmal, was an Weihnachten die Hauptsache ist: Gott hat den Retter der Welt zu uns geschickt. Überleg doch mal, wie du dich selbst und andere daran erinnern könntest!

Danke, lieber himmlischer Vater, dass du Jesus zu uns geschickt hast. Das ist das größte Weihnachtsgeschenk aller Zeiten! Und danke, Jesus, dass du uns immer verstehst, weil du selbst ein echter Mensch gewesen bist. Amen.

JESUS TUT WUNDER

nach Matthäus, Markus, Lukas und Johannes

Gott hat Jesus auf die Erde geschickt, damit er den Menschen erzählt, wie sehr Gott uns liebt. Als Jesus ungefähr 30 Jahre alt war, verließ er sein Zuhause. Er ging zu Fuß von einem Ort zum anderen, um überall zu predigen. Und er suchte sich zwölf Freunde aus, die ihn begleiten sollten. Sie wurden Jünger genannt; ihre Namen findest du in der Bibel in Matthäus 10,2-4 oder auf Seite 253.

Die Leute staunten über das, was Jesus sagte. Er wusste so viel über Gott, aber er war kein gewöhnlicher Pastor oder Lehrer. Immer wieder erklärte er den Menschen, dass Gott unser himmlischer Vater ist. Gott liebt uns so sehr, dass er uns vergibt, was wir falsch gemacht haben. Wir brauchen keine Angst vor Strafe zu haben. Jesus erzählte aber nicht nur von Gott, sondern er tat auch viele Wunder.

Einmal begegnete Jesus einem römischen Soldaten, dessen Diener krank war. „Du brauchst nur ein Wort zu sagen, dann wird mein Diener wieder gesund!“, bat er. Jesus freute sich über sein großes Vertrauen und heilte den Diener.

Ein andermal stieg Jesus in ein Boot und fuhr mit seinen Jüngern über den See Genezareth.

Plötzlich gab es einen heftigen Sturm. Obwohl das Boot von den Wellen hin und her geworfen wurde, schlief Jesus. Da weckten ihn die Jünger. „Wir gehen unter! Bitte hilf uns!", riefen sie.

Jesus stand auf und sagte zu Wind und Wellen: „Seid still!" Sofort hörte der Sturm auf und das Wasser wurde ganz ruhig. Die Jünger staunten sehr, dass Jesus so viel Macht hatte!

Als sie unterwegs waren, kam ihnen jemand entgegen. „Das Mädchen ist gestorben!“, rief er. Der Vater war verzweifelt.

Aber Jesus sagte: „Vertrau mir“, und ging weiter. Kaum hatten sie das Haus erreicht, fasste er das Mädchen an der Hand und sagte: „Steh auf, mein Kind!“ Im selben Moment war sie wieder gesund! Ihre Eltern waren überglücklich.

Zu der Zeit, als Jesus auf der Erde lebte, konnte man nicht einfach zum Optiker gehen und sich eine Brille besorgen. Leute, die schlecht sahen oder sogar völlig blind waren, führten kein normales Leben. Sie konnten nicht arbeiten, deshalb saßen sie oft am Straßenrand und bettelten. Eines Tages sah Jesus einen blinden Mann und blieb vor ihm stehen.

Jesus legte seine Hände auf die Augen des blinden Mannes. Gleich darauf blinzelte der Mann ein paarmal und schaute sich verwundert um. Dann erschien ein strahlendes Lächeln auf seinem Gesicht! Er sah Jesus in die Augen, aber er brauchte ihm nicht zu sagen, wie er sich fühlte, weil Jesus es längst wusste. Vor Freude machte der Mann Luftsprünge und dankte Gott von ganzem Herzen.

Viele Menschen waren gekommen, um Jesus zuzuhören. Es wurde spät und alle hatten Hunger. Da bot ein kleiner Junge Jesus sein Abendbrot an. Jesus dankte Gott dafür. Dann geschah das Wunder, dass von diesem Essen über 5000 Menschen satt wurden!

Anschließend wollte Jesus eine Weile allein sein. Deshalb sagte er zu seinen Jüngern, sie sollten schon mal ohne ihn über den See fahren. Ein paar Stunden später sahen die Jünger, dass jemand übers Wasser auf sie zukam. Wer konnte das sein?

Es war Jesus! Einer von den Jüngern – Petrus – stieg ebenfalls aus dem Boot. Solange er seinen Blick fest auf Jesus richtete, konnte er auch auf dem Wasser gehen. Doch dann wurde er abgelenkt und begann zu versinken. Schnell streckte Jesus seine Hand aus und half ihm zurück ins Boot.

Eines Tages wurde Petrus gefragt, ob Jesus denn keine Steuern zahlen würde. Er wollte mit Jesus darüber sprechen, aber Jesus wusste schon Bescheid. „Geh angeln", sagte er zu ihm. „Der erste Fisch, den du fängst, wird ein Geldstück im Mund haben. Damit kannst du für uns beide die Steuern bezahlen." Petrus staunte sehr, als dieses Wunder tatsächlich passierte!

Als Jesus diese Männer heilte, verschwanden die Entzündungen und Ausschläge auf ihrer Haut. Sie waren überglücklich und konnten es kaum erwarten, sich wieder mit ihren Familien und Freunden zu treffen! Nur ein Einziger ging zu Jesus, um sich bei ihm zu bedanken. Über ihn freute sich Jesus sehr.

Eines Tages starb ein guter Freund von Jesus: Lazarus. Seine beiden Schwestern waren sehr traurig, als Jesus sie besuchte.
Lazarus war schon begraben: Man hatte seinen Körper mit Stoffbinden umwickelt und in eine Höhle gelegt. Er war seit vier Tagen tot. Aber trotzdem rief Jesus: „Lazarus, komm heraus!“ Die Leute hielten den Atem an, als es in der Höhle raschelte … Und tatsächlich wurde Lazarus wieder lebendig!

Durch die vielen Wunder, die Jesus tat, wollte er den Menschen zeigen, dass für Gott nichts unmöglich ist. Gott kann wirklich alles! Und Jesus war Gottes Sohn. Er sagte: „Ich bin der Weg, die Wahrheit und das Leben. Niemand kommt zum Vater außer durch mich" (Johannes 14,6).

Immer mehr Menschen folgten Jesus. Sie begriffen, dass er etwas ganz Besonderes war. Und sie hörten so gerne, was er ihnen über Gottes Liebe erzählte. Bald würde Jesus ihnen beweisen, wie groß diese Liebe war …

MIT GOTT WIRD DEIN LEBEN SPANNEND.

JESUS HEILT UNS

WAS GOTT TUT

Jesus kennt uns ganz genau und er hat uns unglaublich lieb. Er weiß es, wenn uns etwas wehtut. Er kann unsere Krankheiten heilen und uns helfen, wenn wir traurig sind. Als Jesus auf der Erde lebte, hat er viele Kranke wieder gesund gemacht. Aber er wusste auch, dass wir nur dann wirklich glücklich sind, wenn wir ihm unser ganzes Leben anvertrauen.

WAS WIR SELBST TUN KÖNNEN

Wenn du krank bist, musst du manchmal Medikamente nehmen. Gott benutzt sie, um dich wieder gesund zu machen. Aber hast du gewusst, dass es nur ein einziges Mittel gibt, durch das wir ewig leben können? Es heißt „Jesus". Wenn wir uns ihm anvertrauen, dürfen wir für immer und ewig bei Gott sein.

Danke, Jesus, dass du uns genau kennst. Du kannst alles wiedergutmachen, was bei uns nicht stimmt. Danke, dass du uns durch und durch gesund machen willst. Wir sind so froh darüber, dass du uns ewiges Leben bei Gott schenkst. Amen.

JESUS STIRBT FÜR UNS

nach Matthäus, Markus, Lukas und Johannes

Jesus liebt Kinder! Als er auf der Erde lebte, freute er sich, wenn Kinder zu ihm kamen. Seine Jünger dachten, Kinder wären ihm vielleicht lästig. Deshalb wollten sie sie fortschicken. Aber Jesus sagte: „Lasst die Kinder zu mir kommen. Hindert sie nicht daran!"

Viele Menschen waren nach Jerusalem gekommen, um dort das Passahfest zu feiern. Auch Jesus: Er ritt auf einem Esel in die Stadt hinein. Als die Leute hörten, dass Jesus kam, gingen sie ihm entgegen und schwenkten Palmzweige zur Begrüßung. „Hosianna!“, riefen sie. Das bedeutet: „Hilf uns!“ Sie hofften, dass Jesus ihr neuer König sein würde.
HOSIANNA
Hosianna!
Hosianna!
Aber Gott hatte mit Jesus etwas viel Wichtigeres vor: Jesus war kein gewöhnlicher König, sondern der Retter der ganzen Welt!

Weil man damals nur Sandalen trug und die Straßen immer staubig waren, wusch man sich vor dem Essen die Füße. Manchmal übernahm das ein Diener, der sich dazu vor die anderen hinkauern musste. Jesus zeigte seinen Jüngern, dass er sich nicht zu fein für so eine Arbeit war. „Genau so sollt ihr anderen Gutes tun!“, sagte er.

Anschließend versammelten sich alle um den Esstisch. Jesus war sehr ernst. Er wusste, dass dies ein ganz besonderer Abend war.

Jesus nahm ein Brot, brach es in Stücke und gab sie seinen Jüngern. „Dieses Brot ist ein Symbol für meinen Körper“, sagte er. Dann nahm er einen Becher mit Wein: „Das ist wie mein Blut, das für viele vergossen wird und den Bund zwischen Gott und den Menschen besiegelt.“ Die Jünger verstanden nicht, was er damit meinte – sie begriffen es erst viel später.

Am selben Abend sagte Jesus: „Einer von euch wird mich verraten.“ Damit meinte er, dass einer seiner Freunde heimlich zu seinen Feinden gehen und ihnen helfen würde, Jesus zu schaden.
Die Jünger waren entsetzt. Wer würde so etwas tun? „Ich bin es doch ganz bestimmt nicht, oder?“, fragten sie alle nacheinander.

RUMS
Da stand ein Jünger namens Judas auf und ging fort. Jesus hatte ihn durchschaut …

Jesus ging mit seinen Jüngern in einen Garten, der Gethsemane hieß. Er hatte Angst und wollte mit seinem himmlischen Vater darüber reden. Seine Jünger waren so müde, dass sie einfach nicht wach bleiben und beten konnten.

„Kannst du mir nicht irgendwie ersparen, was mir bevorsteht?", bat Jesus Gott. „Aber ich will nicht meinen eigenen Kopf durchsetzen, sondern das tun, was du willst."

Es war dunkel. Doch auf einmal tauchten Lichter auf und Waffen klirrten: Judas kam mit einigen Männern. Er gab Jesus einen Kuss zur Begrüßung – aber nicht, weil er Jesus so gern hatte. Auf dieses Zeichen hatten die anderen nur gewartet. So wussten sie, wen sie gefangen nehmen sollten.

Jesus wurde gefesselt und am nächsten Morgen zum mächtigsten Mann der Gegend gebracht. Er hieß Pilatus. Vor seinem Palast versammelte sich eine Menschenmenge.

Pilatus merkte, dass Jesus nichts Böses getan hatte. Er wollte ihn gerne freilassen, aber er traute sich nicht. Die Leute waren nämlich auf einmal alle gegen Jesus und wollten, dass er starb. Da gab Pilatus nach und befahl seinen Soldaten, Jesus zu kreuzigen. Jesus wurde geschlagen und verspottet. Dann musste er ein schweres Holzkreuz aus der Stadt hinaustragen und wurde schließlich daran festgenagelt.

Bevor Jesus an diesem Kreuz starb, betete er: „Vater, vergib diesen Menschen, denn sie wissen nicht, was sie tun." Er vertraute sich Gott völlig an und atmete zum letzten Mal.
Als Jesus gestorben war, wurde es plötzlich mitten am Tag dunkel, und es gab ein schweres Erdbeben. Die Leute erschraken. „Das war wirklich Gottes Sohn!", sagte ein römischer Soldat. Maria weinte, weil sie ihren Sohn verloren hatte. Einer der Jünger, Johannes, blieb bei ihr und tröstete sie.

Jesus wurde in einer Höhle begraben, die mit einem Felsbrocken verschlossen wurde. Aber er war nur zwei Tage tot, denn am dritten Tag machte Gott ihn wieder lebendig!
Als seine Freunde zum Grab kamen, war der große Stein weggewälzt. Jesus lag nicht mehr im Grab. „Er ist nicht hier! Er ist von den Toten auferstanden“, sagte ein Engel. Maria Magdalena konnte es kaum fassen …

Sie drehte sich um, weil jemand hinter ihr stand. Zuerst erkannte sie diese Person nicht. „Maria!", sagte Jesus zu ihr.

Da wusste sie, dass sie mit Jesus sprach. Sie war überglücklich, dass er lebte!

Die Jünger hatten sich versteckt, weil sie Angst hatten, dass man sie auch gefangen nehmen würde. Aber plötzlich stand Jesus bei ihnen – obwohl alle Türen fest verschlossen waren! „Friede sei mit euch", sagte Jesus. Er bewies seinen Jüngern, dass er tatsächlich lebendig war und nicht nur ein Geist. Und allmählich begriffen sie, dass Jesus wirklich stärker ist als der Tod! Jesus hat den Tod besiegt, deshalb müssen wir keine Angst mehr davor haben. Wenn wir auf Jesus vertrauen, wird Gott uns nicht für die Dinge bestrafen, die wir falsch gemacht haben. Denn Jesus hat sich an unserer Stelle bestrafen lassen.

40 Tage später ging Jesus zurück in den Himmel. Die Jünger sahen, wie er in einer Wolke verschwand.

Vorher hatte er den Jüngern aber noch aufgetragen, den Menschen auf der ganzen Welt von ihm zu erzählen. Jeder soll erfahren, dass Jesus unser Retter ist! „Auch wenn ihr mich nicht sehen könnt, bin ich immer bei euch“, versprach Jesus.

Zuerst waren die Jünger traurig, weil sie Jesus nicht mehr sehen konnten. Aber dann warteten sie gespannt darauf, was als Nächstes passieren würde. Jesus hatte schon einiges angekündigt …

MIT GOTT WIRD DEIN LEBEN SPANNEND!

JESUS IST UNSER RETTER

WAS GOTT TUT

Gott hat Jesus auf die Erde geschickt, damit er sich an unserer Stelle bestrafen lässt. Jesus hat viele Schmerzen ausgehalten, weil er uns so lieb hat. Er möchte, dass wir für immer in Gottes Nähe sein dürfen und nie mehr Angst vor einer Strafe haben müssen. Ist es nicht fantastisch, dass Jesus wirklich stärker ist als der Tod?

WAS WIR SELBST TUN KÖNNEN

An Ostern feiern wir, dass Jesus für uns gestorben und auferstanden ist. Das ist viel wichtiger als Ostereier und Schokohasen! Überleg dir doch einmal, wie du dich besser daran erinnern könntest, was Jesus für dich getan hat. Wem könntest du davon erzählen?

Jesus, wir können uns nicht vorstellen, wie schwer es für dich war, für uns am Kreuz zu sterben. Aber wir danken dir von ganzem Herzen, dass du uns so lieb hast. Und danke, dass du für uns vom Tod auferstanden bist! Amen.

DIE GUTE NACHRICHT VON JESUS VERBREITET SICH

nach der Apostelgeschichte

Bevor Jesus zurück in den Himmel gegangen war, hatte er seinen Jüngern aufgetragen, überall von ihm zu erzählen. Damit sie dafür auch genug Mut hatten, schickte er ihnen den Heiligen Geist. Der Heilige Geist würde sie trösten, wenn sie traurig waren, und sie an alles erinnern, was Jesus zu ihnen gesagt hatte. Der Tag, an dem der Heilige Geist kam, wird heute Pfingsten genannt.

Der Heilige Geist war so mächtig, dass die Jünger mit seiner Hilfe sogar Kranke heilen konnten! Petrus und Johannes trafen einen Mann, der seit seiner Geburt gelähmt war. „Im Namen von Jesus Christus: Steh auf!“, sagte Petrus zu ihm. Da konnte der Mann laufen! Die Leute staunten. Nun hörten sie noch aufmerksamer zu, wenn die Jünger ihnen von Jesus erzählten.

Immer mehr Menschen glaubten an Jesus und vertrauten ihm ihr ganzes Leben an. So entstanden die ersten christlichen Gemeinden.

Mit einem dieser Feinde hatte Gott etwas Besonderes vor: Saulus sollte die gute Nachricht von Jesus in anderen Ländern verbreiten. Aber zuerst musste sich dieser Mann von Grund auf ändern.

„Saul! Saul! Warum verfolgst du mich?“, rief eine Stimme.
„Wer bist du, Herr?“, fragte Saulus erschrocken.
„Ich bin Jesus, den du verfolgst!“

„Geh in die Stadt; dort wirst du erfahren, was du tun sollst“, sagte Jesus. Da merkte Saulus, dass er blind war. Seine Begleiter mussten ihn an der Hand nehmen.
Einem Christen namens Hananias befahl Jesus, zu Saulus zu gehen. Hananias gehorchte, obwohl er Angst vor Saulus hatte. Jesus machte ihm Mut.

Ich bin nicht mehr blind!
Hananias legte Saulus die Hände auf und sagte: „Jesus will, dass du wieder sehen kannst.“

Von nun an glaubte Saulus an Jesus. Er fing sofort an, den Leuten zu erzählen, dass Jesus Christus der Retter der Welt ist. Zuerst trauten die Christen ihm nicht. Das war doch der Mann, der dafür gesorgt hatte, dass viele Christen ins Gefängnis kamen!

Aber sie merkten bald, dass Saulus sich wirklich total geändert hatte. Sogar sein Name änderte sich: Man nannte ihn später nicht mehr Saulus, sondern Paulus.

Deshalb konnte er den Juden erklären, was die Propheten schon viele Jahre zuvor über den Retter der Welt vorausgesagt hatten: zum Beispiel, dass er in Bethlehem auf die Welt kommen würde. Paulus bewies den Juden, dass Jesus der Retter war, auf den sie warteten. Denn alles, was die Propheten angekündigt hatten, traf auf Jesus zu.

Obwohl Paulus sehr überzeugend predigte, glaubten ihm nicht alle Juden. Manche ärgerten sich sogar über ihn.
Ikonion
Lystra
Antiochia
Griechenland
Malta
Zypern
Paulus begriff, dass er nicht nur den Juden, sondern auch Menschen in anderen Ländern von Jesus erzählen sollte. Deshalb unternahm er weite Reisen – zu Fuß und per Schiff.
Das Römische Reich,
ca. 60 n.Chr.

Paulus hatte Freunde wie Timotheus und Barnabas, die ihn auf diesen Reisen begleiteten. An manchen Orten blieben sie eine Weile, um den Menschen zu helfen, die von nun an Jesus folgen wollten. So gründeten sie mehrere christliche Gemeinden.

Manche Leute wollten Paulus daran hindern, die gute Nachricht von Jesus zu verbreiten. Deshalb verfolgten sie ihn. Paulus musste sogar mehrmals ins Gefängnis! Wenn er nicht reisen konnte, schrieb Paulus lange Briefe an die Christen.

Einige Briefe, die Paulus geschrieben hat, finden wir in der Bibel. Durch die Bibel möchte Gott auch heute noch zu uns reden. Und genau wie Paulus sollen wir anderen Menschen von Jesus erzählen.

Hast du einen Freund, der noch nicht an Jesus glaubt?

Du könntest diesem Freund sagen, was in Johannes 3,16 steht: „Gott hat die Welt so sehr geliebt, dass er seinen einzigen Sohn hingab, damit jeder, der an ihn glaubt, nicht verloren geht, sondern das ewige Leben hat.“

MIT GOTT WIRD DEIN LEBEN SPANNEND!

JESUS VERÄNDERT UNS

WAS GOTT TUT

Als Jesus auf der Erde gelebt hat, war er ein Vorbild für uns. Er hat uns gezeigt, wie wir uns verhalten sollen: Wir sollen tun, was Gott will, und uns um andere Menschen kümmern. Aber Jesus weiß auch, dass wir das nicht aus eigener Kraft schaffen. Deshalb hat er uns den Heiligen Geist geschickt. Durch den Heiligen Geist ist Jesus bei uns, obwohl wir ihn nicht sehen können. Er hilft uns und gibt uns Mut. So können wir auch anderen Menschen von ihm erzählen.

WAS WIR SELBST TUN KÖNNEN

Möchtest du in der Bibel mal eine wichtige Stelle nachlesen? Schlag Matthäus 28,18-20 auf (Matthäus ist das erste Buch im Neuen Testament). Man nennt diese Verse den „Missionsauftrag".

Danke, Jesus, dass du durch den Heiligen Geist immer bei uns bist. Bitte hilf uns, so zu leben, wie es dir gefällt! Und bitte zeig uns, wie wir anderen Menschen von dir erzählen können. Amen.

JESUS WIRD WIEDERKOMMEN

nach der Offenbarung

Als Jesus nach seiner Auferstehung in den Himmel zurückgegangen war, blickten ihm die Jünger traurig nach. Da standen plötzlich zwei Engel bei ihnen. „Eines Tages wird Jesus wieder auf die Erde kommen – und zwar so, dass ihn alle sehen können!“, versprachen sie.

Dem Jünger Johannes zeigte Jesus später, wie es einmal im Himmel sein wird. „Fürchte dich nicht! Ich bin der Erste und der Letzte und der Lebendige. Ich war tot und bin lebendig für immer und ewig!“, sagte Jesus. Zuerst erschrak Johannes sehr, weil Jesus so merkwürdig aussah: Sein Haar war weiß wie Schnee und seine Augen leuchteten wie Feuerflammen.
Jesus stand bei sieben goldenen Leuchtern und hielt sieben Sterne in der Hand. Er sagte Johannes, dass er ihm eine wichtige Botschaft für sieben verschiedene Gemeinden geben würde. Johannes sollte alles genau aufschreiben.

„Ich stehe vor der Tür und klopfe an. Wenn jemand mich rufen hört und die Tür öffnet, werde ich eintreten, und wir werden miteinander essen", sagte Jesus. Er ermutigte die Christen, zu ihm zu halten, auch wenn sie Schwierigkeiten bekamen.

Johannes sah, wie Jesus im Himmel auf dem Thron saß. Es donnerte und blitzte und Jesus selbst strahlte wie lauter Diamanten!

Am Thron standen vier lebendige Wesen: Das erste sah aus wie ein Löwe, das zweite wie ein junger Stier, das dritte wie ein Mensch und das vierte wie ein Adler. Jedes dieser Wesen hatte sechs Flügel, die innen und außen voller Augen waren. „Heilig, heilig, heilig ist der Herr, Gott, der Allmächtige!", riefen sie.

Johannes schrieb ein ganzes Buch über das, was in Zukunft passieren wird. Allerdings ist manches darin schwer zu verstehen.

Wenn Jesus zur Erde zurückkommt, werden ihn alle sehen können. Er wird auf einem weißen Pferd reiten und viele Kronen auf dem Kopf haben. Auf seinem Mantel wird „König der Könige und Herr der Herren“ stehen.

Jesus wird gegen den Teufel kämpfen und er wird ihn ein für alle Mal besiegen. Das ist hundertprozentig sicher!

„Die Rettung kommt von unserem Gott. Ihm allein gehören Herrlichkeit und Macht“, steht in der Bibel in Offenbarung 19,1.

„Ich mache alles neu", sagte Jesus. Er beschrieb den Himmel als einen Ort, an dem wir nie mehr Angst zu haben brauchen: „Es wird keinen Tod und keine Trauer und kein Weinen und keinen Schmerz mehr geben. Denn die erste Welt mit ihrem ganzen Unheil ist für immer vergangen." Jeder, der Jesus vertraut, darf für immer im Himmel leben!

Im Himmel wird es eine wunderschöne Stadt geben: das neue Jerusalem. Dort wird es auch ohne Lampen immer hell sein, weil Gott selbst das Licht ist. Ein Fluss mit dem Wasser des Lebens fließt durch diese Stadt.

Nur Gott weiß, wann das alles passieren wird. Aber eines Tages werden alle sehen, wie Jesus wiederkommt. Dann wird er wie ein König auftreten. Seine Engel schickt er mit lautem Posaunenklang voraus.

Jeder, der auf Jesus vertraut, wird dann in den Himmel kommen.
?
Dieser Tag wird fantastisch sein – viel schöner und aufregender, als wir es uns jemals vorstellen können! Deshalb dürfen wir uns jetzt schon darauf freuen! Jesus sagt: „Ich komme bald!“ (Offenbarung 22,12).

MIT GOTT WIRD DEIN LEBEN SPANNEND!

JESUS KOMMT WIEDER

WAS GOTT TUT

Schon in früheren Zeiten hat Gott manchmal verraten, was in Zukunft passieren wird. Zum Beispiel sollte der Prophet Jona die Bewohner von Ninive davor warnen, dass Gott sie bestrafen würde. Andere Propheten haben angekündigt, dass einmal der Retter der Welt kommen würde. Was Johannes über die Zukunft berichtet, klingt oft sehr rätselhaft. Sicher ist allerdings, dass Jesus am Ende gewinnen wird und dass wir für immer bei ihm sein dürfen!

WAS WIR SELBST TUN KÖNNEN

Wie stellst du dir den Himmel vor? Worauf freust du dich besonders, wenn du an den Himmel denkst? Male ein Bild davon!

Lieber Herr Jesus, wir sind froh, dass du eines Tages wiederkommen wirst! Dann wissen alle, dass es dich wirklich gibt! Danke, dass wir für immer und ewig in deiner Nähe sein dürfen. Du hast dich an unserer Stelle bestrafen lassen, damit wir keine Angst mehr zu haben brauchen. Vielen Dank dafür, dass du für uns am Kreuz gestorben und vom Tod auferstanden bist. Amen.

GOTT HAT UNS LIEB

nach der ganzen Bibel

Gott war schon da, bevor diese Welt entstanden ist. Er hat alles im Griff und er weiß alles – sogar, wie du heißt und wie viele Haare du auf dem Kopf hast! Von Anfang an hat Gott sich um diese Welt und um die Menschen gekümmert. Er hat jeden von uns geschaffen und er hat uns lieb.

Doch die allerersten Menschen (kannst du dich noch an ihre Namen erinnern?) wollten nicht tun, was Gott zu ihnen sagte. Da wurde ihr Leben viel schwieriger. Aber Gott sorgte immer noch für sie. Und er redete zu den Menschen. Zum Beispiel versprach er Abraham, dass sich aus seiner Familie ein großes Volk entwickeln würde.

„Ich schließe einen Freundschaftsbund mit euch, der für immer und ewig gelten soll!", sagte Gott. Obwohl Gott dieses Versprechen gehalten hat, haben die Menschen ihn oft vergessen.

Zu der Zeit, als Abrahams Urenkel Josef lebte, zog die ganze Familie nach Ägypten. Sie wurde immer größer.
Viele Jahre später wurden die Israeliten (so hießen sie inzwischen) von den Ägyptern unterdrückt. Aber Gott erhörte ihre Gebete: Er schickte Mose zum Pharao, und zum Schluss blieb dem Pharao nichts anderes übrig, als die Israeliten freizulassen. Sie waren keine Sklaven mehr!

Trotzdem waren die Israeliten immer wieder unzufrieden und beschwerten sich. Sie wollten einfach nicht das tun, was Gott sagte! Deshalb mussten sie viel länger in der Wüste bleiben als geplant: Erst nach 40 Jahren konnten sie das Land erobern, das Gott ihnen als neue Heimat versprochen hatte. Gott half ihnen im Kampf gegen ihre Feinde. Er sorgte sogar dafür, dass die Mauern der Stadt Jericho einstürzten, ohne dass die Israeliten auch nur mit einem Finger dagegengetippt hatten!

Das Volk Israel hatte viele gute Anführer und Vorbilder: Mose, Josua, David und noch viele andere. Diese Leute forderten die Israeliten auf, Gott zu gehorchen.
Aber meistens wollten die Israeliten lieber genau so sein wie alle anderen Völker, die nicht an Gott glaubten. Sie waren eigensinnig und ungehorsam.

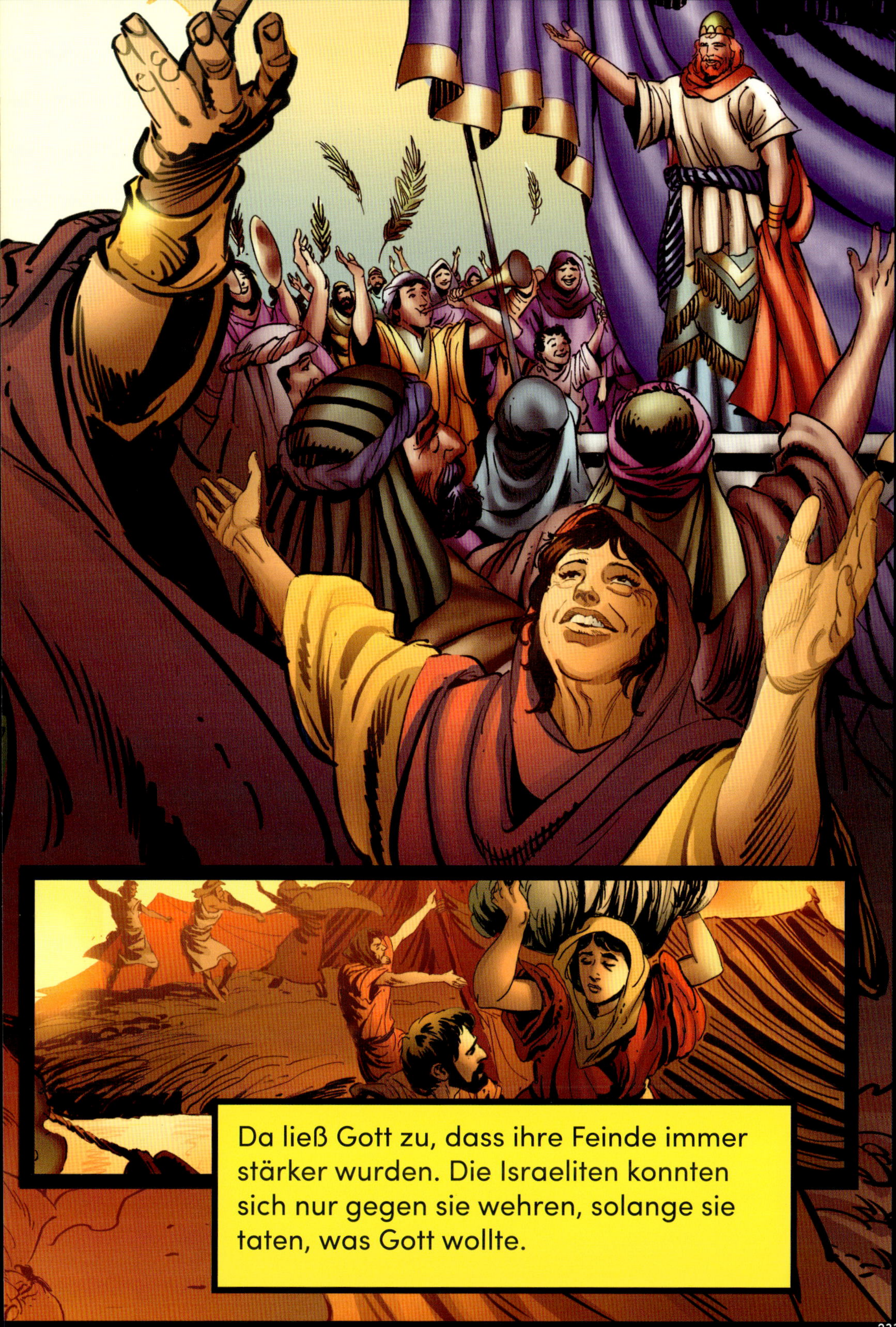
Da ließ Gott zu, dass ihre Feinde immer stärker wurden. Die Israeliten konnten sich nur gegen sie wehren, solange sie taten, was Gott wollte.

Gott schickte immer wieder Propheten, um die Menschen an das zu erinnern, was er gesagt hatte. Aber das Volk Israel wollte einfach nicht hören. Da wurde ihr Land schließlich von mächtigen Feinden erobert. Viele Israeliten starben, andere wurden gefangen genommen und mussten nach Persien ziehen.

Aber Gott vergaß sein Volk trotzdem nicht. Er beschützte es durch einflussreiche Leute, zum Beispiel durch Königin Ester. Und nach einiger Zeit durften die Israeliten tatsächlich wieder in ihre Heimat zurückkehren!

Einige Propheten machten ihnen Mut: Gott würde ihnen helfen. Und eines Tages würde er den Retter der Welt schicken!

Ich hab dich lieb!
Dann war es so weit: Jesus – Gottes Sohn – kam auf die Welt!
Jesus wurde in einem Stall in Bethlehem geboren. Ein Engel erzählte es den Hirten, die auf dem Feld ihre Schafe hüteten. Und auf einmal erschienen dort ganz viele Engel. „Ehre sei Gott im Himmel und Frieden auf Erden!“, sangen sie.

Die Hirten gingen schnell nach Bethlehem. Sie staunten sehr, als sie Jesus fanden! Später kamen auch noch andere Leute zu Besuch: Einige kluge Männer waren einem Stern gefolgt und brachten Jesus kostbare Geschenke mit!

Als Jesus ungefähr 30 Jahre alt war, fing er an, den Menschen von Gott zu erzählen. Doch vorher ging er noch zu seinem Cousin Johannes dem Täufer und ließ sich von ihm taufen. Da sagte Gott zu ihm: „Du bist mein geliebter Sohn, an dir habe ich große Freude."

Jesus suchte sich zwölf Freunde aus, die ihn überallhin begleiten durften. Sie wurden Jünger genannt. Sie hörten zu, wenn Jesus von Gott erzählte. Und sie sahen die Wunder, die er tat: Er heilte kranke Menschen, konnte auf dem Wasser laufen und sogar Tote wieder lebendig machen! Wo er hinkam, drängten sich alle um ihn.

Das passte einigen wichtigen Leuten überhaupt nicht. Sie glaubten nicht, dass Jesus Gottes Sohn war, und wollten ihn aus dem Weg schaffen.

Jesus wusste schon im Voraus, dass diese Leute ihn töten wollten. Er hätte das natürlich verhindern können! Aber er wusste, wie Gottes Plan war: Obwohl Jesus unschuldig war, sollte er wie ein Verbrecher hingerichtet werden. Er sollte für all das bestraft werden, was wir falsch gemacht haben.

Kurz vor seinem Tod hatte Jesus Angst und fragte Gott, ob es nicht einen anderen Weg gäbe. Aber er war bereit, alles zu tun, was Gott wollte. Deshalb ließ er sich von bewaffneten Männern gefangen nehmen. Er wurde verspottet, geschlagen und schließlich an ein Holzkreuz genagelt. War jetzt alles aus?

Denn drei Tage später hat Gott Jesus vom Tod auferweckt. Jesus hat den Tod besiegt, deshalb brauchen wir keine Angst mehr davor zu haben! Bevor Jesus in den Himmel ging, sagte er seinen Jüngern: „Erzählt allen Menschen, dass ich der Retter der Welt bin!“

Um die gute Nachricht von Jesus zu verbreiten, unternahmen die Jünger (und andere Christen) weite Reisen.

Immer mehr Menschen glaubten an Jesus. Es entstanden christliche Gemeinden, die immer größer wurden. Und so ist es bis heute: Auch heute noch soll jeder, der auf Jesus vertraut, anderen Menschen von ihm erzählen.

Alle, die an Jesus glauben, dürfen für immer und ewig bei ihm im Himmel sein!
Ehre sei Gott!

MIT GOTT WIRD DEIN LEBEN SPANNEND!

GOTT IST LIEBE

WAS GOTT TUT

Alles, was Gott tut, tut er aus Liebe: Er hat uns Menschen wunderbar geschaffen. Er hält alle seine Versprechen, hilft uns in Schwierigkeiten und hat Jesus geschickt, um uns zu retten. Weil Gott uns so lieb hat, können wir nun auch lernen, ihn und unsere Mitmenschen zu lieben.

WAS WIR SELBST TUN KÖNNEN

„Gott hat _________ so sehr geliebt, dass er seinen einzigen Sohn hingab, damit ________ nicht verloren geht, sondern das ewige Leben hat" (nach Johannes 3,16). Möchtest du das abschreiben, deinen Namen einsetzen und dir diesen Vers aufhängen?

Lieber himmlischer Vater, danke, dass du uns schon von Anfang an lieb hast! Du hast eine wunderbare Welt geschaffen, damit wir darin leben können. Und du hast Jesus geschickt, um uns zu retten. Danke, Jesus, dass du genau verstehst, wie es uns geht, weil du selbst ein Mensch gewesen bist. Bitte hilf uns, andere Menschen zu lieben, damit sie sehen können, dass du ein liebevoller Gott bist. Amen.

WICHTIGE PERSONEN IN GOTTES GESCHICHTE

Hier sind einige interessante Personen der Bibel aufgelistet. Du kannst nachschauen, in welchen Geschichten sie vorkommen und ob sie mit jemandem verwandt oder verheiratet sind. Findest du sie auf den angegebenen Seiten in diesem Buch?

SELBSTÄNDIG AKTIV WUNDERBAR PERFEKT
SCHÖPFER EWIG FREUNDLICH
HEILER MESSIAS GOTT RETTER
AUFERSTANDEN

JESUS

Er ist der größte Held, der je gelebt hat! Wie viele Wörter, die zu ihm passen, findest du auf dieser Seite? Fallen dir noch mehr Begriffe ein?

VERTRAUENSWÜRD
SEELSORGER
EINDRUCKSVO
GEKREUZIG
BEMERKENSWE
WAHRHAFTI
LIEBEVO
GERECHT
CHRIS
ÜBERBRING
REIN
LEIDEN
MITFÜHLE
HEILI
MÄCHTI
LEBEND
FRIEDEFÜR
VERZEIHEND
STARK SIEGREICH
ALLMÄCHTIGER GOTT

JESUS

S. 151–200 und 237–246

Gottes Sohn kam als Mensch auf diese Welt. Aber obwohl er in Bethlehem geboren wurde und genau wie andere Kinder aufwuchs, war er kein gewöhnlicher Mensch, sondern der Retter der ganzen Welt! Jesus hat bewiesen, dass er sogar Macht über den Tod hat. Und eines Tages wird er wiederkommen und den Teufel endgültig besiegen. Dann dürfen alle, die ihm vertrauen, für immer und ewig bei ihm sein!

S. 78

Aaron

Aaron war der Bruder von Mose und Mirjam. Er begleitete Mose zum Pharao. Gemeinsam forderten sie den Pharao auf, die Israeliten freizulassen. Mose meinte, er selbst sei kein guter Redner, deshalb ließ er lieber Aaron zu den Leuten sprechen.

S. 40–54, 229

Abraham

Gott gab Abraham ein Versprechen: Aus seiner Familie würde sich ein großes Volk entwickeln. Mit diesem Volk schloss Gott einen Freundschaftsbund. Er versprach, dass er immer zu ihnen halten würde. Für Abraham war es gar nicht so leicht, Gott zu vertrauen, weil er schon alt war und immer noch keine Kinder hatte!

S. 13–25

Adam

Adam war der erste Mensch auf dieser Welt. Gott formte ihn aus Erde und blies ihm den Atem des Lebens in die Nase. Adam durfte allen Tieren einen Namen geben. Und er sollte gut auf all das aufpassen, was Gott geschaffen hatte. Sein Leben war perfekt, bis er einen großen Fehler machte und den Garten Eden verlassen musste.

S. 128–136

Daniel

Daniel musste mit einigen Freunden nach Persien ziehen und wurde dort ein wichtiger Mitarbeiter am Königshof. Als sein Glaube auf die Probe gestellt wurde, bestand er den Test: Er betete weiterhin zu dem allmächtigen Gott, obwohl das bedeutete, dass er eine Nacht bei wilden Löwen verbringen musste!

S. 130–136

Darius

König Darius war ein mächtiger Mann, denn er regierte über das persische Weltreich! In diesem Reich lebten auch viele Israeliten, die man aus ihrer Heimat vertrieben hatte. König Darius ließ sich von einigen Leuten zu etwas überreden, was ihm später leidtat. Aber zum Glück ging der Plan dieser Leute nicht auf!

S. 109–120, 232

David

Schon als Hirtenjunge zeigte David, dass er Gott liebte: Er dankte ihm, indem er Lieder für ihn dichtete und auf seiner Harfe spielte. David war mutig; er besiegte einen starken, riesigen Feind. Und er war ein guter König für das Volk Israel. Als David schlimme Fehler gemacht hatte, sah er sie ein und bat Gott um Vergebung.

S. 94

Debora

Zur Zeit der Richter musste sich das Volk Israel immer wieder gegen seine Feinde wehren. Einer von Israels Anführern wollte nur kämpfen, wenn Debora mitkam. Sie war eine Richterin und Prophetin. Deshalb konnte sie anderen Mut machen: Jeder kann ein Held sein, wenn er auf Gott vertraut!

S. 124–127, 136, 235

Ester

Als junge Frau gewann Ester einen Schönheitswettbewerb und wurde zur Königin von Persien gekrönt. Doch dann bekam sie eine schwierige Aufgabe: Sie musste irgendwie verhindern, dass der böse Haman alle Israeliten (auch sie selbst) umbrachte. Gott erhörte ihr Gebet und half ihr.

S. 13–25

Eva

Eva war die erste Frau auf der Welt und auch die allererste Mutter. Gott schuf sie aus einer Rippe, die ursprünglich aus Adams Körper stammte. Eva lebte mit Adam in einem wunderschönen Garten. Doch dann ließ sie sich dazu überreden, etwas Verbotenes zu tun. Das hatte Konsequenzen …

S. 149

Hesekiel

Diesem Propheten zeigte Gott, was in der Zukunft passieren würde. Er sah merkwürdige Dinge, zum Beispiel Knochen, die sich in lebendige Menschen verwandelten. Außerdem sprach Hesekiel von jemandem, der sich so liebevoll um die Menschen kümmern würde wie ein guter Hirte um seine Schafe: Jesus!

S. 44–54, 229

Isaak

Wir können uns kaum vorstellen, wie glücklich Isaaks Eltern waren, als er geboren wurde. Sie hatten so viele Jahre auf einen Sohn gewartet! Als Isaak erwachsen war, sorgte Gott dafür, dass er eine gute Frau bekam: Rebekka. Und Isaak verliebte sich tatsächlich auf den ersten Blick in sie!

S. 76–77

Jahwe

Als Gott aus einem brennenden Busch zu Mose redete, fragte Mose ihn nach seinem Namen. Gott sagte, er sei „Jahwe". Das ist hebräisch und bedeutet „Ich bin". Gott ist ein ewiger Gott. Er ist immer da und ändert sich nicht. Manche Leute hatten solche Ehrfurcht vor dem Namen Jahwe, dass sie ihn nicht aussprachen, sondern stattdessen „Herr" sagten.

S. 56–62, 69

Jakob

Jakob war der Sohn von Isaak und der Enkel von Abraham. Er selbst hatte zwölf Söhne und eine Tochter. Von seinen Söhnen hatte er Josef am liebsten. Weil er ihn bevorzugte, wurden seine anderen Söhne eifersüchtig, und das hatte schreckliche Folgen. Zuletzt wurde die ganze Familie aber wieder glücklich vereint.

S. 148

Jeremia

Dieser Prophet hatte es nicht leicht. Die Israeliten wollten nämlich nicht hören, was er ihnen ankündigte. Er musste ihnen sagen, dass ihr Land bald von Feinden erobert werden würde. Jeremia wurde verfolgt; einmal wurde er in einen leeren Brunnenschacht geworfen. Doch ein Ausländer bekam Mitleid mit ihm und half ihm.

S. 151

Jesaja

Der Prophet Jesaja kündigte an, dass einmal der Retter der Welt kommen würde. Er nannte ihn: wunderbarer Ratgeber, starker Gott, ewiger Vater, Friedensfürst. Es dauerte sehr lange, aber als Jesus geboren wurde, erfüllten sich seine Worte!

S. 170, 184–191, 193–201, 216–225

Johannes (der Jünger)

Johannes war von Beruf Fischer. Doch als Jesus ihn aufforderte, ihm zu folgen, zögerte er keinen Moment: Er verließ sein Zuhause und begleitete Jesus überallhin. Bestimmt war es aufregend, so viele Wunder mitzuerleben! Als alter Mann erfuhr Johannes von Gott, was in der Zukunft passieren wird, und schrieb es auf.

S. 164–165, 239

Johannes der Täufer

Dieser Prediger war ein merkwürdiger Mann: Er lebte in der Wüste und ernährte sich von Heuschrecken und wildem Honig! Er sollte die Menschen darauf vorbereiten, dass bald der Retter der Welt kommen würde. Als Zeichen dafür, dass sie Gott ab sofort gehorchen wollten, ließen sich viele Menschen von ihm taufen.

S. 139–147

Jona

Leider war Jona kein gutes Vorbild: Als Gott ihm sagte, er solle in die Stadt Ninive gehen, marschierte Jona in eine andere Richtung. Es dauerte eine Weile, bis er begriff, dass man vor Gott nicht davonlaufen kann. Bei der Lektion, die Gott ihm erteilte, spielte ein großer Fisch eine wichtige Rolle …

S. 57–70, 230

Josef (Altes Testament)

Josefs Brüder verkauften ihn als Sklaven. Sie hatten es satt, dass Josef von ihrem Vater besser behandelt wurde als sie! Später kam er ins Gefängnis, obwohl er unschuldig war. Aber Gott ließ ihn nicht im Stich. Der Pharao begriff, dass Josef sehr begabt war, und machte ihn zu seinem Stellvertreter. Und am Ende bewahrte Josef viele Menschen vor dem Verhungern!

S. 154–163, 168, 237

Josef (Neues Testament)

Jesus war Gottes Sohn, aber er wuchs bei Josef und Maria auf. Sie waren seine Eltern auf der Erde und sorgten gut für ihn. Josef war ein Zimmermann. Er brachte Jesus bei, wie man mit Holz arbeitet. Beim Passahfest in Jerusalem musste Josef den 12-jährigen Jesus lange suchen, bis er ihn schließlich im Tempel fand.

S. 88–93, 231

Josua

Josua war Moses Nachfolger, der die Israeliten in das Land führte, das Gott ihnen als neue Heimat versprochen hatte. „Sei stark und mutig!", sagte Gott zu Josua. „Ich helfe dir!" Und als die Israeliten zu der feindlichen Stadt Jericho kamen, tat Gott ein großes Wunder ...

S. 170, 184–191, 240–241

Judas

Judas gehörte zu den zwölf Jüngern – den besten Freunden von Jesus, die ihn überallhin begleiteten. Trotzdem half er bösen Menschen, Jesus gefangen zu nehmen. Dafür bekam er 30 Silberstücke.

S. 170–181, 184–197, 200–201, 217–225, 240–242

Jünger (*es waren* 12)

Jesus hatte sie ausgesucht, damit sie ihn begleiten und viel von ihm lernen konnten: Petrus, Andreas, Jakobus, Johannes, Philippus, Bartholomäus, Thomas, Matthäus, (noch ein anderer) Jakobus, Thaddäus, Simon und Judas. Später verbreiteten die Jünger die gute Nachricht, dass Jesus der Retter der Welt ist!

S. 179

Lazarus

Wie es wohl sein muss, zu sterben und ein paar Tage später wieder lebendig zu werden? Lazarus könnte es uns sagen, weil ihm genau das passiert ist! Seine Schwestern hofften, dass Jesus ihn heilen würde, als er krank war. Doch Jesus kam erst nach Lazarus' Tod und machte ihn tatsächlich wieder lebendig!

S. 154–163, 168, 193, 237

Maria

Maria staunte sehr, als ihr ein Engel sagte, dass sie die Mutter von Jesus werden solle. Ihr Sohn würde der Retter der ganzen Welt sein! Maria war bereit, alles zu tun, was Gott von ihr verlangte. Das war manchmal sicher nicht leicht. Aber weil sie auf Gott vertraute, war sie bestimmt eine sehr gute Mutter!

S. 73–74, 83

Mirjam

Mirjam war die Schwester von Mose und Aaron. Sie sah, wie ihr kleiner Bruder am Flussufer von einer Prinzessin entdeckt wurde. Später gehörte sie zu den Leuten, die auf ihren Tamburinen spielten und für Gott Loblieder sangen. Denn Gott hatte ein großes Wunder für die Israeliten getan!

S. 125

Mordechai

Mordechai war einer der Israeliten, die in Persien – weit weg von ihrer Heimat – lebten. Weil seine jüngere Cousine Ester keine Eltern mehr hatte, zog er sie wie ein eigenes Kind groß. Er gab ihr viele gute Ratschläge. Und als Ester Königin war, sagte er ihr, sie müsse versuchen, eine schreckliche Katastrophe zu verhindern.

S. 72–86, 230–231

Mose

Mose wurde als Baby von einer ägyptischen Prinzessin adoptiert. Später hörte er, wie Gott aus einem brennenden Busch zu ihm sprach. Gott gebrauchte Mose, um das Volk Israel aus der Sklaverei zu befreien. Mose führte die Israeliten durch die Wüste und bekam von Gott viele wichtige Anweisungen, z.B. die Zehn Gebote.

S. 26–38

Noah

Als kaum jemand an Gott dachte, war Noah der Einzige, der ihm gehorchte. Deshalb rettete Gott ihn und seine Familie vor einer großen Flut. Noah musste jahrelang an der Arche bauen und sich später um viele Tiere kümmern. Aber es lohnte sich, dass er Gott vertraute!

S. 202–214, 243

Paulus

Paulus war ein kluger Jude. Er verfolgte die ersten Christen. Dann begriff er, dass Jesus wirklich der Retter der Welt ist, und änderte sich. Er unternahm mehrere Reisen (zu Fuß und per Schiff), um auch den Menschen in anderen Ländern von Jesus zu erzählen. Und er schrieb wichtige Briefe – einige davon gehören heute zum Neuen Testament.

S. 170, 176–177, 184–191, 196–198, 200–201

Petrus

Petrus war ein Fischer, der zu den engsten Freunden von Jesus gehörte. Er sah die Wunder, die Jesus tat. Einmal konnte er sogar selbst auf dem Wasser laufen – wenn auch nur für einen Moment! Petrus war nicht so tapfer, wie er gedacht hatte. Aber der Heilige Geist gab ihm Mut, sodass er predigen und sogar Kranke heilen konnte.

S. 52

Rebekka

Rebekka war mit Isaak verheiratet. Sie war die Mutter von Jakob und die Großmutter von Josef. Wie es dazu kam, dass Rebekka und Isaak heirateten, steht in der Bibel, und zwar in 1. Mose 24. Es ist eine schöne Geschichte – vielleicht willst du sie mal nachlesen?

S. 116–117

Salomo

Salomo war der Sohn von David, er wurde nach ihm König von Israel. Salomo ließ in Jerusalem einen wunderschönen Tempel für Gott bauen. Und er war berühmt für seine große Weisheit. Die Leute kamen von weit her, um seine Schätze zu bewundern. Leider gehorchte Salomo Gott nicht mehr, als er älter war.

S. 104–112

Samuel

Samuel war ein Richter und Prophet. Er hörte Gottes Stimme schon, als er noch sehr jung war. Gott gab ihm immer wieder Botschaften für das Volk Israel. Samuel salbte Saul zum ersten König von Israel. Er war traurig, als Saul Gott nicht gehorchen wollte. Später sagte Gott zu ihm, dass David der neue König werden sollte.

S. 42–45, 54

Sara

Sara war mit Abraham verheiratet. Die beiden wünschten sich sehnlichst ein Kind, aber sie mussten lange warten, bis sich dieser Wunsch erfüllte. Als Isaak schließlich auf die Welt kam, war Sara überglücklich. Sie merkte, dass Gott immer hält, was er verspricht!

S. 104–108, 120

Saul

Saul war der erste König von Israel. Die Leute waren begeistert von ihm, denn er sah genau so aus, wie man sich einen König vorstellte! Doch Saul hatte ein Problem: Er wurde schnell eifersüchtig. Als er begriff, dass David der neue König werden sollte, wollte er ihn umbringen.

S. 96–99, 102

Simson

Simson war ein Richter – ein Anführer der Israeliten. Er war außergewöhnlich stark und besiegte viele Feinde. Leider verriet er einer Frau namens Delila, dass Gott ihm verboten hatte, seine Haare schneiden zu lassen. Das war ein großer Fehler ...

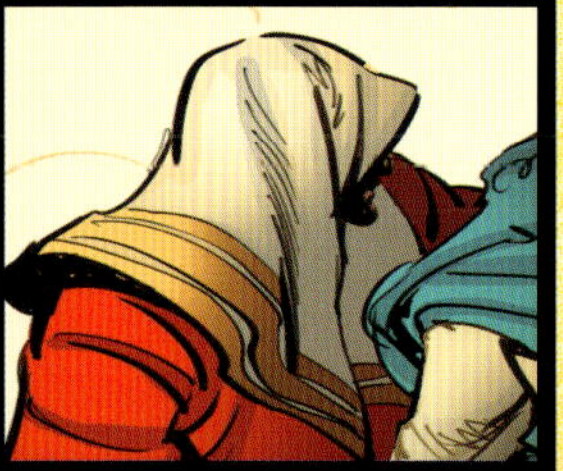

S. 16–21, 166–167, 221, 226

Teufel (auch „Satan“ genannt)

Der Teufel rebelliert gegen Gott, er will selbst so sein wie Gott. Er versucht, die Menschen davon abzuhalten, Gott zu gehorchen. Aber der Teufel ist nicht so stark wie Gott – nur Gott ist allmächtig! Am Ende wird Jesus den Teufel ein für alle Mal besiegen. Und wer an Jesus glaubt, braucht vor dem Teufel keine Angst zu haben.

UND SCHLIESSLICH – DU SELBST!

Hast du gewusst, dass du in Gottes Plänen ebenfalls eine wichtige Rolle spielst? Gott hat etwas sehr Gutes mit dir vor! Und er möchte in jedem Augenblick deines Lebens bei dir sein. Er lässt dich nicht im Stich! Wenn du möchtest, kannst du folgendes Gebet sprechen: „Lieber himmlischer Vater, ich möchte dich immer besser kennenlernen. Bitte zeig mir deine große Liebe. Danke, dass du immer bei mir bist. Amen.“

Der Herr segne dich und beschütze dich. Der Herr wende sich dir freundlich zu und sei dir gnädig. Der Herr sei dir besonders nahe und gebe dir seinen Frieden.

4. Mose 6,24-26

lässt sich feststellen, dass es in Bezug auf Technik, Schussweite und Effektivität weltweit einzigartig ist. Alle anderen derzeit existierenden Mehrfachraketenwerfer wurden aufgrund ihrer Verwundbarkeit für den Einsatz „aus der zweiten Reihe" und nicht direkt auf dem Gefechtsfeld konzipiert. Nur der TOS-1M mit BM-1 verfügt über einen Schutz und eine Beweglichkeit auf Kampfpanzerniveau und kann daher mit hoher Überlebenswahrscheinlichkeit der Besatzung Kampfaufträge in vorderster Front ausführen.

TAKTISCHE KURZSTRECKENRAKETEN

Taktische Kurzstreckenraketen oder „Taktische und operativ-taktische Raketensysteme" sind – wie ihr Name verrät – dazu gedacht, auf taktischer und operativer Ebene Schlüsselziele zu bekämpfen. Dies können nukleare Angriffswaffen des Gegners, Führungseinrichtungen, Flugplätze, militärische Infrastruktur aller Art und große Truppenkonzentrationen sein. Sie traten die Nachfolge der Fernkampfgeschütze vergangener Zeiten an und stellen das stärkste Mittel der Raketenartillerie auf taktisch-operativer Ebene dar.

Entsprechend der bereits zu Sowjetzeiten vorgenommenen Einteilung werden taktische Raketen auf Armeekorpsebene in der so genannten 1. und 2. Staffel eingesetzt. Diese Zone bis zu 50 km Tiefe umfasst normalerweise zwei Verteidigungslinien.

Die Reichweite operativ-taktischer Raketen überschreitet 1000 km nicht. Im Übrigen wird der Begriff „operativ-taktische Raketensysteme" nur in den russischen Streitkräften verwendet; in anderen Armeen spricht man von taktischen oder taktisch-ballistischen Raketen (ballistisch aufgrund ihrer Flugbahn), oder einfach von taktischen Kurzstreckenraketen.

Unter „Raketenkomplex" verstehen die Russen – und zu Sowjetzeiten die mit ihnen verbündeten Staaten – sämtliche Mittel und Anlagen, die zur Startvorbereitung, zum Start und zur Lenkung von Raketen bestimmt sind, einschließlich der Raketen selbst.

Im Unterschied zu Kampfflugzeugen, die ebenfalls feindliche Bodenziele bekämpfen, können Boden-Boden-Raketen bei jedem Wetter, zu jeder Tages- und Jahreszeit und unter allen klimatischen Bedingungen eingesetzt werden. Sowohl gegen anfliegende Flugzeuge als auch Raketen gibt es Abwehrmittel, doch mit dem Verlust von Piloten und Besatzungen über dem Gefechtsfeld brauchen Raketen nicht zu rechnen.

Es gibt gelenkte und ungelenkte taktische Raketen. Aufgrund der geringen Genauigkeit der ersten Raketenmodelle war eine garantierte Zielzerstörung nur dann gewährleistet, wenn die Raketen mit Atomsprengköpfen ausgestattet waren.

Die Weiterentwicklung der Raketentechnologie ermöglichte jedoch auch den Einsatz konventionel-

Ballistische Kurzstreckenrakete "Iskander-M" in Startstellung.

ler, nicht atomarer Sprengköpfe mit hoher Treffgenauigkeit und Zielwirkung. Die Entwicklung dieser taktischen Boden-Boden-Raketen geht in folgende Richtung:

- Steigerung der Präzision;
- Schaffung einer breiten Palette von Gefechtsköpfen;
- Erhöhung der Beweglichkeit;
- Gewährleistung der Geheimhaltung der Vorbereitung und Durchführung eines Raketenangriffs;
- Verkürzung der Zeit für das Instellunggehen und die Herstellung der Feuerbereitschaft;
- Nutzung unvorbereiteter Feuerstellungen;
- Erhöhung der Zuverlässigkeit und Benutzerfreundlichkeit der Komplexe;
- Erhöhung des Automatisierungsgrades bei Vorbereitung und Start;
- Erweiterung der Allwettertauglichkeit (Temperaturbereich);
- Erhöhung der Lebensdauer;
- Gewährleistung einer hohen Wahrscheinlichkeit, die feindliche Raketenabwehr zu überwinden.

Der erste taktische sowjetische Raketenkomplex, der konventionelle Sprengköpfe einigermaßen treffgenau ins Ziel bringen konnte, war das 1975 in Dienst gestellte Raketensystem „Totschka" (Punkt) mit einer Schussweite von bis zu 70 km und einer durchschnittlichen Zielabweichung von 50–200 m. 1989 erhielt die Sowjetarmee mit „Totschka-U" eine modernisierte Version mit erhöhter Schussweite von bis zu 120 km bei gleichzeitig verbesserter Treffgenauigkeit.

Der „Totschka-U"-Komplex steht bei einzelnen Raketenbrigaden in Verwendung, wird jedoch in naher Zukunft durch das neu entwickelte System „Iskander-M" ersetzt. Dieser Komplex ist für die verdeckte Vorbereitung und Durchführung effektiver Raketenangriffe auf besonders wichtige Punkt- und Flächenziele ausgelegt. Es baut auf den neuesten wissenschaftlichen und technologischen Erkenntnissen auf dem Gebiet der operativ-taktischen Flugkörpersysteme auf und stellt eine Raketenwaffe der neuesten Generation dar.

„Iskander-K" in Startstellung.

Taktische Kurzstreckenrakete 9K79-1 „Totschka-U“

Laut westlichen Militärexperten verfügten die russischen Streitkräfte im Jahr 2010 über 18 Raketenbrigaden, die mit 216 Trägersystem 9K79-1 „Totschka-U“ (Punkt; aber auch Name eines Nebenflusses des Dnjepr) ausgerüstet waren.

„Totschka-U“ stellt eine modernisierte Version des Raketenkomplexes 9K79 „Totschka“ dar, der 1973 in Serie ging, 1975 von der Sowjetarmee übernommen und 1975–1976 bei einzelnen Raketenabteilungen von Panzer- und motorisierten Schützendivisionen in Dienst gestellt wurde. 1984 fand eine Kampfwertsteigerung statt, die sich vor allem in gesteigerter Schussweite und –genauigkeit niederschlug. Die modernisierte Anlage mit der Bezeichnung 9K79-1 „Totschka-U“ stellten die Streitkräfte 1989 in Dienst.

„Totschka“ und „Totschka-U“ gingen an jene selbstständigen Raketenabteilungen der Raketenbrigaden der Distrikte und Armeen, die 1988 aus Panzer- und motorisierten Schützendivisionen ausgegliedert wurden. Die Brigaden umfassten 3–4 Raketenabteilungen (Bataillonsgröße) mit 12–16 selbstfahrenden Raketenwerfern.

Das taktische Raketensystem 9K79-1 „Totschka-U“ wurde zur Bekämpfung wichtiger Punktziele in der

Taktische Kurzstreckenrakete 9K79-1 „Totschka-U“.

Technische Angaben Werfer 2P129-1	
Bedienung	3
Gewicht mit Rakete und Besatzung, t	18.145
Motorleistung, PS	300
Geschwindigkeit, km/h:	
Land	70
Wasser	8
Fahrbereich, km	650

Platzierung der Rakete auf dem Abschussgestell des Raketenkomplexes 9K79 „Totschka-U“.

Technische Angaben Rakete 9M79	
Zahl der Raketenstufen	1
Raketenlänge, mm	6400
Durchmesser Mittelteil, mm	650
Startgewicht, kg	2000
Lenkung	Autonome Trägheitslenkung
Schussweite, km	
Mindestens	15–20
Maximal	120

Tiefe der feindlichen Verteidigung entwickelt, z. B. bodengestützte Aufklärungs- und Angriffssysteme, Gefechtsstände, Munitions- und Treibstofflager, sowie zur Zerschlagung von Truppenkonzentrationen. Der Komplex umfasst:

- Selbstfahrende Raketenwerfer 9P129 – 1/9P129-1M;
- Versorgungs- und Nachladefahrzeug 9T218-1/9T218-1M;
- Transportfahrzeug 9T238;
- ballistische Boden-Boden-Raketen;
- Wartungsanlage 9W818-1, 9W819-1 oder 9W820-1 für Kontroll- und Wartungsarbeiten;
- Wartungsfahrzeug 9W844;
- Kommando- und Stabsfahrzeug R-145BM;
- Instandsetzungssatz 9F370-1;
- Übungsgeräte, Raketentransportbehälter, Lagerausrüstung.

Der selbstfahrende Werfer 9P129-1/9P129-1M ist auf dem dreiachsigen Amphibien-Fahrgestell BAS-

5921 aufgesetzt, das vom Automobilwerk Brjansk in Serie hergestellt wird. Im Heck sind Rakete und Richtanlage positioniert. In Marschposition liegt die Rakete waagrecht auf dem Wannendach, während der „Laderaum" durch zwei Klappen verschlossen ist. In Feuerstellung werden diese geöffnet, so dass das Heck der Rakete Platz findet, deren Höhenrichtbereich bei 78° und der Seitenrichtbereich bei 30° liegt.

Der Werfer ist mit einer Anlage ausgerüstet, die sämtliche Aufgaben des Richtens und der Flugbahnberechnung selbstständig ausführt. Die Herstellung der Feuerbereitschaft nimmt nach Beziehung der Feuerstellung 16 bis 20 Minuten in Anspruch. Nach dem Start kann der Werfer die Stellung binnen 1,5 Minuten verlassen, um Gegenschlägen zu entgehen.

Für „Totschka-U" stehen die einstufigen Raketen 9M79B, 9M79B1, 9M79B2 mit Atomsprengkopf, 9M79F mit Spreng/Splittergefechtskopf, 9M79K mit Streumunition und 9M79FR mit Spreng/Splittergefechtskopf und passivem Radarsuchkopf zur Verfügung.

Die Flugkörper mit autonomer Trägheitslenkung werden über einen digitalen Bordrechner entlang der gesamten Flugbahn gesteuert, was eine hohe Treffergenauigkeit gewährleistet. Bei Annäherung an das Ziel taucht die Rakete steil ab, was die Einschlagswirkung erhöht.

Auf der internationalen Ausstellung IDEX-93 in Abu Dhabi wurden zur Vorführung fünf „Totschka-U" gestartet, bei denen die minimale Zielabweichung wenige Meter nicht überschritt und die maximale Abweichung weniger als 50 m betrug.

Derzeit wird die „Totschka-U" bei den Raketenbrigaden von der fortschrittlicheren „Iskander-M" abgelöst.

Taktische Kurzstreckenrakete 9K79-1 „Totschka-U" bei einer Militärparade in Astana 2015. CC0 1.0

Taktische Kurzstreckenrakete 9K720 „Iskander-M“

Am 15. Juli 2015 fand im Ausbildungszentrum 60 für Raketentruppen und Artillerie auf dem Versuchsgelände Kapustin Jar die feierliche Übergabe des nächsten Brigadesatzes der Kurzstreckenrakete 9K720 „Iskander-M“ an die selbstständige 103. Raketenbrigade der 36. Armee des östlichen Militärbezirks statt.

Nach verfügbaren Informationen war dies bereits der fünfte Brigadesatz „Iskander-M“ (nach dem tadschikischen Fluss Iskander Darja?), der laut Auftrag über zehn Brigadesätze des russischen Verteidigungsministeriums vom 4. August 2011 vom Konstruktionsbüro Maschinenbau (KBM) in Kolomna geliefert wurde. Unter Berücksichtigung der 2010–2011 gelieferten Brigadesätze waren damit sechs Raketenbrigaden bewaffnet.

Das operativ-taktische Raketensystem 9K720 „Iskander-M“ ist als Nachfolger des „Totschka-U“

Taktische Kurzstreckenraketen 9K720 „Iskander-M“ bei der Parade am 9. Mai 2015 in Moskau.

zur Bekämpfung besonders wichtiger Punkt- und Flächenziele auf bis zu 270 km Entfernung ausgelegt. Die Entwicklungsarbeiten wurden ab Ende der 1990er-Jahre von einer Gruppe russischer Unternehmen unter der Führung des Raketenspezialisten KBM durchgeführt. Die Erprobung fand 2007 auf dem Raketenversuchsgelände Kapustin Jar in Südrussland statt. Im August 2008 nahm die mit vier „Iskander-M"-Komplexen ausgestattete Erprobungsabteilung am Kaukasuskrieg gegen Georgien teil.

Der Komplex umfasst:

- Raketenwerfer 9P78;
- Versorgungs-Nachladefahrzeug 9T250;
- Boden-Boden-Rakete 9M723;
- Kommandofahrzeug 9S552;
- mobile Datenverarbeitungsstation 9S920;
- Lkw für Wartung und Instandsetzung;
- Stromerzeugeraggregat;
- Übungs- und Werkstattsätze.

Pressedienst Verteidigungsministerium der RF

Der selbstfahrende Werfer wurde auf dem Vierachs-Radfahrgestell des schweren Lkw MSKT-7930 „Astrolog“ aufgebaut, das als mobile Startrampe dient. Im Unterschied zum BAS-5921 von „Totschka-U“ nimmt er zwei Raketen in getrennten Abteilen auf, jedes mit eigener hydraulischer Rampe. Auf dem Marsch bleiben die Abteile hermetisch verschlossen und schützen so die Raketen vor Staub, Witterungs- oder ABC-Einflüssen.

Jedes Fahrzeug verfügt über

- automatische Standortbestimmung und automatisierte Startvorbereitung;
- Datenaustausch mit allen Führungsebenen;
- zwei Startvorrichtungen;
- Prüfvorrichtungen.

Der Raketenstart erfordert keine speziell vorbereitete Feuerstellung und die Vorbereitungen dazu können noch auf dem Marsch getroffen werden („ready to march“-Modus). Hierbei werden Zieldaten und Flugbahn automatisch berechnet und die Startvorbereitungen getroffen, ohne dass die Bedienung das Fahrzeug verlassen muss – in Feuerstellung braucht sie sozusagen nur noch „das Knöpfchen zu drücken“, und schon fliegt die Rakete davon. Das Intervall zwischen zwei Raketenstarts beträgt nicht mehr als eine Minute.

Nach dem Verschuss seiner Raketen bewegt sich der Werfer zum Umladepunkt, wo ein mit einem Schwenkkran (ebenfalls auf MZST-7930-Chassis) ausgestattetes Versorgungsfahrzeug neue Raketen lädt.

„Iskander-M“ hebt sich in Startstellung. interpolit.ru

Technische Angaben Raketenwerfer 9P78	
Bedienung	3
Gewicht mit Rakete und Besatzung, t	42
Motorleistung, PS	500
Geschwindigkeit, km/h:	
auf befestigter Straße	70
auf Schotterstraße	40
Fahrbereich, km	1000

Rakete 9M723 unmittelbar nach dem Start.

Technische Angaben Rakete 9M723	
Zahl der Raketenstufen	1
Raketenlänge, mm	7200
Maximaler Durchmesser, mm	950
Startgewicht, kg	3800
Lenkung	Autonome Trägheitslenkung
Schussweite, km	
Mindestens	50
Maximal	280

Taktische Kurzstreckenrakete 9K720 „Iskander-M“ auf dem Raketenversuchsgelände Kapustin Jar. shatilin.com

Die einstufige Feststoffrakete 9M723 mit Trägheitslenkung läßt sich auf der gesamten Flugbahn steuern. In der Endphase erfasst ein optischer Suchkopf das Ziel. Sie kann verschiedenste Munitionen transportieren, darunter ein Spreng/Splittergefechtskopf und Streumunition für unterschiedliche Zwecke. Experten gehen davon aus, dass die Wirkung zweier Raketen mit konventionellem Sprengkopf in etwa der einer taktischen Atomwaffe entspricht.

Gemeinsam mit „Iskander-M“ wurde die Ausführung „Iskander-K“ für Marschflugkörper des Typs R-500 entwickelt. Eine Variante „Iskander-E“ ist für den Export bestimmt. Der Werfer und der gesamte Komplex weisen aufgrund der Fahrgestelle eine hohe taktische Beweglichkeit auf. Der Komplex lässt sich außerdem auf verschiedene Land- und Seetransportmittel verfrachten; seine Lufttransportfähigkeit gewährleisten schwere Transportflugzeuge An-124.

Die kurze Einsatzvorbereitungszeit uns die hohe Beweglichkeit machen „Iskander“ gegenüber konventionellen Waffen nur schwer verwundbar. Mit Sicherheit zählt der Komplex zu den gefährlichsten und wirkungsvollsten Artilleriewaffen der russischen Streitkräfte, was auch jüngste Einsätze im Ukrainekrieg belegen (2022). Jedenfalls ist das US-amerikanische Magazin *The National Interest* dieser Ansicht, die es mit der noch im nichtnuklearen Bereich befindlichen Waffenwirkung, der hohen Reichweite und der Befähigung der Raketen zur Überwindung feindlicher Raketenabwehr begründet. Experten vergleichen die zerstörerische Wirkung des „Iskander“ mit schweren Bombenangriffen.

WEITERE INTERESSANTE BÜCHER ZUM THEMA

Der russische Militärhistoriker Victor Schunkow gibt einen Überblick über die Militärmacht der damaligen Sowjetunion: Panzer, Artillerie, Maschinenwaffen, Raketen - was immer Stalins Arsenale hergaben, ist in diesem Buch aufgeführt und in Wort und Bild beschrieben.
232 Seiten, 338 Abbildungen, Format 170 x 240 mm
ISBN 978-3-613-04217-9
EUR 29,90 / EUR (A) 30,80

Die Geschichte der russischen Panzerwaffe seit Ende des Ersten Weltkriegs: Militärhistoriker Victor Schunkow beschreibt den Aufbau der sowjetischen Panzerindustrie, die Entwicklung aller wichtigen Kampfpanzer bis heute sowie die Wandlung der russischen Panzereinsatzdoktrin.
320 Seiten, 300 Abbildungen, Format 170 x 240 mm
ISBN 978-3-613-04418-0
EUR 29,90 / EUR (A) 30,80

Nach dem Überfall der Wehrmacht auf die Sowjetunion 1941 unterstützten die USA diese mit Waffenlieferungen. Zusätzlich erbeutete die Rote Armee Waffen und Gerät der Wehrmacht. Victor Schunkow beschreibt alle Waffen, die als Beutegerät oder durch US-Hilfslieferungen die Rote Armee im Zweiten Weltkrieg verstärkte.
272 Seiten, 250 Abbildungen, Format 170 x 240 mm
ISBN 978-3-613-04452-4
EUR 29,90 / EUR (A) 30,80

Victor Schunkow liefert mit dem zweiten Band über die Waffen der Roten Armee im Zweiten Weltkrieg einen kompletten Überblick über die Panzerfahrzeuge der damaligen Sowjetunion – vom schweren KW-1 über den mittleren T-34 bis hin zum Tiger-Rivalen IS-2.
240 Seiten, 240 Abbildungen, Format 170 x 240 mm
ISBN 978-3-613-04332-9
EUR 29,90 / EUR (A) 30,80

Leseproben zu Titeln auf unse Internetseite

Stand Mai 2023
Änderungen in Preis und Lieferfähigkeit vorbehalten.

Überall, wo es Bücher gibt, oder unter
WWW.MOTORBUCH-VERSAND.DE
Service-Hotline: 0711 / 78 99 21 51
www.facebook.com/MotorbuchVerlag